教育部人文社会科学重点研究基地重庆工商大学长江上游经济研究中心
"三峡库区百万移民安稳致富国家战略"服务国家特殊需求博士人才培养项目

三峡库区基础设施增收效应研究：
基于多维影响机制视角

Sanxia Kuqu Jichu Sheshi Zengshou Xiaoying Yanjiu:
Jiyu Duowei Yingxiang Jizhi Shijiao

丁黄艳

西南财经大学出版社
Southwestern University of Finance & Economics Press

中国·成都

图书在版编目(CIP)数据

三峡库区基础设施增收效应研究:基于多维影响机制视角/ 丁黄艳著.—成都:
西南财经大学出版社,2022.8
ISBN 978-7-5504-4787-5

Ⅰ.①三… Ⅱ.①丁… Ⅲ.①三峡水利工程—基础设施—经济发展—
研究 Ⅳ.①F127.719

中国版本图书馆 CIP 数据核字(2021)第 017422 号

三峡库区基础设施增收效应研究:基于多维影响机制视角
丁黄艳 著

责任编辑:陈何真璐
责任校对:金欣蕾
封面设计:杨红鹰 张姗姗
责任印制:朱曼丽

出版发行	西南财经大学出版社(四川省成都市光华村街 55 号)
网 址	http://cbs.swufe.edu.cn
电子邮件	bookcj@ swufe.edu.cn
邮政编码	610074
电 话	028-87353785
照 排	四川胜翔数码印务设计有限公司
印 刷	郫县犀浦印刷厂
成品尺寸	170mm×240mm
印 张	10.25
字 数	190 千字
版 次	2022 年 8 月第 1 版
印 次	2022 年 8 月第 1 次印刷
书 号	ISBN 978-7-5504-4787-5
定 价	68.00 元

前言

　　基础设施发展是居民收入增长的基础条件、先决条件和必要条件。促进三峡库区居民收入增长不仅是历史使命和民生大计，同时也因三峡库区是全球范围内工程量最大、移民搬迁人数最多、贫困问题突出、安稳致富任务艰巨的水利水电库区而备受世界关注。三峡库区基础设施增收效应的实践经验对我国欠发达地区居民增收和世界水利水电库区深化发展均有重要的借鉴价值。随着国家和各省市针对三峡库区经济社会发展的相关专项扶持和支援政策进入收官阶段，综合考察三峡库区基础设施与居民收入的理论关联和实践效果，既是对三峡库区近些年来基础设施发展和居民收入增长的经验总结，又是对三峡库区未来基础设施的增收路径进行的有益探索，还能对我国其他欠发达地区经济社会发展的政策设计提供案例借鉴。

　　目前，我国脱贫攻坚战已取得全面胜利，国家和各省市针对三峡库区经济社会发展的相关专项扶持和支援政策业已收官，本书综合考察三峡库区基础设施与居民收入的理论关联和实践效果，针对三峡库区基础设施的增收效应进行研究，主要研究内容包括四个方面：第一，基于逻辑分析法，构建了一个包含多维影响机制和理论模型的基础设施增收效应理论框架；第二，考察了三峡库区基础设施与居民收入增长的发展规律、内部差异、发展层次和追赶目标；第三，建立了三峡库区基础设施增收效应的面板数据模型，多角度考察各类型基础设施对居民收入（分为城乡居民收入）及其差距的影响；第四，建立了三峡库区基础设施增收效应的时空溢出检验模型。

　　本书主要研究结论可概括如下：

　　（1）基础设施增收效应的影响机制存在多维响应路径。在投资影响机制上，基础设施投资拉动就业需求，从而带动居民收入增长；在空间影响机制上，基础设施互联互通可以降低区域间的通勤成本，提高经济运行效率；在长期影响机制上，基础设施与私人资本呈现动态匹配状态，随着二者匹配度的提高，基础设施发展对居民收入增长的促进作用也相应增强。

（2）三峡库区基础设施与居民收入的现状评价包含三个方面：其一，在总体趋势分析上，库区基础设施得以恢复并日趋完善，库区居民收入水平稳步提升；其二，在空间视阈分析上，三峡库区生产性基础设施水平呈现"尾高腹低"特征，社会性基础设施具有均等化趋势；其三，在横向比较分析上，三峡库区生产性基础设施发展水平与重庆乃至全国整体发展水平差距较大，社会性基础设施发展水平比较接近重庆和全国的平均发展水平，库区居民收入水平全面落后于重庆和全国居民收入平均水平。

（3）在基础设施增收效应的实证分析上，基础设施发展对库区居民收入增长有促进作用，其中生产性基础设施增收的边际影响比社会性基础设施增收的边际影响要大；在地区异质性分析上，库尾地区交通、信息、教育等基础设施发展对居民收入增长的提升效果更为显著，而库腹地区需要加强能源基础设施的建设；在城乡异质性分析上，生产性基础设施扩大了城乡居民收入差距，社会性基础设施缩小了城乡居民收入差距。

（4）在长期溢出效应上，交通、能源基础设施投入对居民收入增长具有长期正向溢出效应；信息、卫生、教育等基础设施增收的长期效应不显著。各类基础设施发展对城乡居民收入差距的长期影响均不明显。

（5）在空间溢出效应上，交通、能源、教育、卫生等基础设施对库区居民收入增长具有空间溢出作用，信息基础设施对库区居民收入增长具有空间竞争效应。信息基础设施水平提升既扩大了本地与周边区县城乡居民收入绝对差，又扩大了本地与周边区县城乡居民收入相对差；教育基础设施水平提升扩大了本地与周边区县城乡居民收入绝对差，但缩小了本地与周边区县城乡居民收入相对差。

本书是重庆市社会科学规划博士项目的阶段性成果，受到重庆工商大学长江上游经济研究中心系列丛书出版基金项目的资助。各章节的撰写工作由丁黄艳独立完成，硕士研究生何潇、黄了、王晨、秦莺华、骆顺兰、陈星宇参与了本书数据资料的搜集整理工作，博士研究生导师廖元和教授、硕士研究生导师秦瑶教授、师姐任毅教授、师兄易淼教授对本书提出了许多宝贵的修改建议，在此表示衷心感谢。由于笔者的能力有限，书中难免存在不足之处，欢迎读者批评指正。

丁黄艳

2021 年 11 月 25 日

于重庆工商大学田家炳书院

目录

三峡库区基础设施增收效应研究：基于多维影响机制视角

第1章 绪论

1.1 选题背景与意义

1.1.1 选题背景

基础设施发展是居民收入增长的基础条件、先决条件和必要条件。我国长期面临着基础设施供给不足的现实情况,特别是在广袤的西部地区和广大的农村地区,基础设施可及性低是导致我国居民收入水平东中西梯度差异和城乡居民收入差距的主要原因。改革开放以来,我国基础设施投资年均增长率保持在15.3%以上,近20年基础设施投资年均增长率进一步提高到24.5%。随着我国居民收入格局的东西分异和城乡差距日趋严峻,增加对西部地区、农村地区、内陆沿边地区等贫困地区基础设施的投资成为国家"十三五"规划的重要内容。

三峡库区是我国少有的集中连片贫困区域,库区基础设施薄弱,居民增收困难。三峡库区位于长江上中游交界区域,面积为5.55万平方千米,人均耕地面积仅0.54亩①,低于全国人均耕地面积1.48亩的水平;2015年农村贫困人口为47.08万人,贫困发生率为6.43%,高于全国贫困发生率5.70%的水平。三峡库区部分区域与秦巴山区、武陵山区集中连片贫困区交叠,是历史上中西部地区典型的贫困山区;又因为配合三峡工程重大项目建设,淹没沿江集镇114个,搬迁安置移民124万余人,基础设施发展与生产活动处在恢复重建阶段。自然因素、历史因素和现实因素的综合影响导致库区基础设施薄弱、市场闭塞、人口外流、产业空虚、居民收入增长困难。

千方百计促进三峡库区经济发展与民生改善,既是扶贫攻坚的重要任务,

---

① 1亩≈666.67平方米。

也关乎我国对于大型水利水电库区经济社会发展关键问题的处理的国际影响。2011 年 10 月，国务院批复《三峡后续工作规划》，在 2011—2020 年对三峡地区规划投资 1238 亿元，用于基础设施建设、重点产业扶持、公共产品和服务改善等方面的恢复发展；2014 年 7 月，国务院批复《全国对口支援三峡库区合作规划（2014—2020 年）》，进一步加大对三峡库区 19 个区县基础设施、产业对接等方面的援助力度。在中央和各省市的综合帮扶下，三峡库区基础设施水平明显提高，居民收入水平大幅提升。重庆统计年鉴、三峡库区年报等资料显示，2000—2015 年三峡库区城市道路交通长度与邮电业务总量等年均增速分别为 8.69%、13.78%，中小学生师比与婴儿死亡率年均降速分别为 2.6%、10.0%，城镇居民可支配收入和农村居民纯收入①年均增速分别为 8.83%、10.05%。数据表明，政府增加三峡库区基础设施投资的政策取向已取得明显增收效果。

随着国家和各省市针对三峡库区经济社会发展的相关专项扶持和支援政策进入收官阶段，综合研究三峡库区基础设施与居民收入的理论关联和实践效果，既是对三峡库区近些年来基础设施发展和居民收入增长的经验总结，又对三峡库区基础设施增收路径进行了有益探索，还能对我国其他欠发达地区经济社会发展的政策设计提供案例借鉴。本书针对三峡库区基础设施增收效应的研究，主要从以下四个方面进行：第一，基础设施与居民收入的理论框架构建；第二，三峡库区基础设施发展和居民收入增长的现状与困境描述；第三，三峡库区基础设施增收效应的实证分析；第四，三峡库区基础设施增收效应的时空溢出检验。

1.1.2　选题意义

1.1.2.1　理论意义

针对基础设施增收效应的研究文献早已卷帙浩繁。在概念内涵上，现有的成果侧重研究生产性基础设施的增收效应，例如交通、能源、信息等基础设施，较少探索社会性基础设施，例如科技、教育、文化、卫生等基础设施；在影响机制上，现有成果侧重于研究基础设施增收的投资带动效应，较少在全视阈维度上探索基础设施增收的长期效应、空间效应。本书拟在国内外学者对基

---

① 如无特别说明，本书中有关居民收入的数据均指居民人均收入，如"城镇居民可支配收入"意指城镇居民人均可支配收入，"农村居民纯收入"意指农村居民人均纯收入。

础设施增收效应进行的分析总结的基础上，尽可能全面地考虑基础设施与居民收入之间的理论关联，从基础设施类型和影响路径的多维视角构建基础设施增收效应的理论框架，丰富和完善该领域的理论成果。

1.1.2.2 现实意义

基础设施赤字是居民收入贫困化的桎梏。基础设施投资作为公共政策的重要工具，在三峡库区安稳致富过程中具有重要的推进和调节作用。三峡库区基础设施增收效应的实践经验对我国欠发达地区居民增收和世界水利水电库区深化发展均有重要的借鉴价值。

1.1.2.3 政策意义

促进三峡库区基础设施增收是落实我国"四个全面"战略布局的必然要求，是在重庆市"314"总体部署下补齐库区经济社会发展短板的政策举措。针对基础设施增收效应的研究，以三峡库区作为典型对象，契合我国精准扶贫的思想要义；以基础设施作为增收的工作重点，也与国家系列脱贫攻坚规划紧密联系。

1.2 相关概念界定

行文之初，分别对下列基本概念予以界定，即三峡库区、基础设施与收入。

1.2.1 三峡库区

当前，三峡库区的研究范围主要从地理位置和移民数量这两个角度来界定。

从地理位置上看，三峡库区位于长江流域腹心地带，地跨湖北省西部和重庆市东北部，是长江经济带上中游战略接合部。区县级行政区自东向西依次包括湖北省的夷陵区、兴山县、秭归县、巴东县，重庆市的巫山县、巫溪县、奉节县、云阳县、开州区、万州区、忠县、石柱县、丰都县、长寿区、涪陵区、武隆县、渝北区、巴南区、江津区以及重庆主城区（包括渝中区、江北区、南岸区、沙坪坝区、大渡口区、九龙坡区、北碚区），共计26个区县，行政区划面积约5.8万平方千米。当三峡库区蓄水位为标准蓄水位175米时，库区江面长度西起重庆江津区花红堡，东至湖北宜昌市三斗坪，库区首尾间距约524千米。以地理范围来界定三峡库区，其侧重于三峡

三峡库区
地理位置

库区的生态环境建设与保护、水资源保护与开发、地质灾害预警与防治、库区河道堤岸整治等综合领域，例如《三峡后续工作规划》。

从移民数量上看，由于重庆主城区水库移民数量少，因而在研究库区移民问题时，三峡库区通常只包含湖北4区县和重庆15区县等移民人数较多的区县，共计19个，而不将重庆主城7区纳入库区范围。以移民数量来界定三峡库区，一方面缩小了库区范围、缓解了库区建设资金摊薄的情况，另一方面加强了库区移民的统一管理和政策制定。此外，库区部分区县属于秦巴山区和武陵山区连片特困区域，经济水平落后、居民基本生活保障欠缺，而重庆主城区经济社会发展水平西部领先，库区19区县与重庆主城区存在经济、社会发展水平梯度差。因此，在界定三峡库区受援区县范围时，《全国对口支援三峡库区合作规划（2014—2020年）》对三峡库区的范围界定采用移民标准，即文件中的受援区县共19个区县，重庆主城7区不列入对口支援政府规划中，如表1.1所示。

表1.1 库区受援区县与支援省市对口支援合作结对关系

库区	受援区县	支援省市
湖北省	夷陵区	黑龙江省、上海市、青岛市
湖北省	秭归县	江苏省、武汉市
湖北省	兴山县	湖南省、大连市
湖北省	巴东县	北京市
重庆市	渝北区	安徽省
重庆市	巴南区	河南省
重庆市	江津区	江津区属于对口支援范围，未明确重点结对支援省市
重庆市	长寿区	广西壮族自治区
重庆市	武隆县	江西省、云南省
重庆市	巫溪县	吉林省
重庆市	石柱县	云南省、江西省
重庆市	万州区	上海市、天津市、福建省、南京市、宁波市、厦门市
重庆市	涪陵区	浙江省
重庆市	丰都县	河北省
重庆市	忠县	山东省、沈阳市
重庆市	开州区	四川省
重庆市	云阳县	江苏省
重庆市	奉节县	辽宁省
重庆市	巫山县	广东省、广州市、深圳市、珠海市

三峡工程成败的关键在移民，移民成败的关键在重庆。三峡工程移民工程自 1993 年开始至 2009 年如期完成初定的建设任务，共计移民近 125 万人，其中重庆库区移民约 113.8 万人，占移民总人口的 90% 以上。由于各个区县移民数量不同，因此，重庆市统计局根据移民数量将三峡库区重庆段 15 个区县划分为重点库区和一般库区。三峡库区重庆库区移民人数如表 1.2 所示。

三峡库区移民
区县范围

表 1.2　三峡库区重庆库区各区县移民人数　　　　单位：万人

区县名称	移民人数	区县名称	移民人数	区县名称	移民人数
万州区 ★	25.10	丰都县 ★	9.47	长寿区 ☆	1.30
云阳县 ★	16.52	忠　县 ★	8.98	武隆县 ☆	0.50
开州区 ★	16.07	巫山县 ★	8.61	渝北区 ☆	0.37
奉节县 ★	12.91	巴南区 ☆	1.48	江津区 ☆	0.21
涪陵区 ★	10.80	石柱县 ☆	1.38	巫溪县 ☆	0.06

资料来源：移民人数根据《三峡工程重庆库区统计历史资料汇编：2005—2009》进行整理，★表示重点库区，☆表示一般库区。

从上述分别以地理位置和移民人数来划分三峡库区地理范围的方法可以看出，三峡库区既有严格且权威的政策限定范围，又可根据研究对象或关注领域适度缩小范围进行典型调查。特别是对于经济增长、社会发展、民生改善等问题，将发展水平落后的库腹地区与发展水平良好的库尾地区相提并论，可能会出现分析结果不稳健的情况，进而使得相关政策建议难以普适。

本书研究三峡库区基础设施的增收效应，目的是研究三峡库区落后地区如何通过基础设施发展来提高居民收入水平，研究对象是三峡库区内相对贫困的区县居民，因而在三峡库区地理范围界定上与《全国对口支援三峡库区合作规划（2014—2020 年）》保持一致。需要指出的是，由于湖北省夷陵区、秭归县、兴山县、巴东县与重庆万州区、渝北区等 15 个区县存在行政隶属和级别的差异，数据统计口径不尽相同，且反映基础设施水平的大多数统计指标难以获取。故若无特殊说明，本书有关三峡库区相关指标的数据采集将不包含湖北库区 4 区县。

本书中三峡
库区地理范围

1.2.2 基础设施

对于基础设施的定义，国内外学者至今尚未形成共识。20 世纪 40~50 年代，发展经济学者对基础设施的概念、内容及功能开展了探索性研究。罗根斯坦-罗丹（Rosenstein-Rodan，1943）将基础设施定义为与私人资本（private capital）相对应的社会资本（social capital），具体包括交通运输、电力能源、通信服务等在内的国民经济基础性产业。交通、能源、通信等社会资本投资能够为生产部门提供生产要素并改善经营环境，是吸引私人资本的必要条件，因此，罗根斯坦-罗丹在大推进理论中提出要把社会资本积累作为各产业部门平衡推进的先行条件。

赫希曼（Hirschman，1958）在不平衡增长理论中将基础设施定义为与直接生产投资相对应的社会分摊成本，并认为基础设施应当具备以下四种属性：

第一，基础性，即基础设施所提供的产品或服务是产业部门经济活动所必需的。

第二，准公共物品性，即基础设施具有非排他性或非竞争性，但也存在拥挤特征，基础设施供给主体通常为公共部门。

第三，回报长期性，基础设施建设的周期比较长，且要先于生产部门进行投资，因而基础设施建设的初期阶段具有过剩特征。随着直接生产投资持续积累，基础设施效率会不断提升，其投资收益会逐渐显现。

第四，空间不可分性，基础设施具有空间规模经济效应，其空间布局形态表现为线状、带状、网络状，地区间基础设施互联互通，在空间上不可分割。

进一步地，赫希曼将具备全部属性的社会分摊成本定义为狭义基础设施，具体包括铁路、公路、港口、管道、水力发电等；将仅具备前三种属性的社会分摊成本定义为广义基础设施（除上述交通运输、能源动力等基础设施外，还包括科学、教育、文化、卫生、社会秩序等公共服务）。此外，他同样重视基础设施在产业部门不平衡推进中的先行性，原因在于：一方面，基础设施投资能够分摊产业部门推进过程中的社会成本，从而减少产业部门发展的总成本；另一方面，基础设施提供的产品与服务是产业部门不可或缺的生产要素，例如交通运输、电力能源等。

罗根斯坦-罗丹与赫希曼的研究结果虽在基础设施理论内涵和现实作用上具有一致性，但二人的研究在基础设施范围界定上的视角不同，前者所述侧重狭义基础设施，而后者所述侧重广义基础设施。进一步地，格林沃德（Green-wald，1982）将基础设施定义为"直接或间接地有助于提高产出水平和生产效率的经济活动，其基本要素是交通运输、动力生产、通信和银行业、教育和卫生设施等系统，以及一个秩序井然的政府和政治结构"。世界银行在《1994年世界发展报告：为发展提供基础设施》中将基础设施区分为生产性基础设施（productive infrastructure）和社会性基础设施（social infrastructure）（以下简称"世行标准"）。生产性基础设施通过增加物质资本来直接参与经济活动，减少了产业部门的生产成本和交易成本，进而促进经济增长，具体包括交通基础设施（公路、铁路、港口、机场、城市交通等）、能源基础设施（油气管道、油气电站、输变电线、管道煤气等）、信息基础设施（通信设备、互联网、信号基站）等；社会性基础设施通过增加人力资本来间接参与经济活动，改善了产业部门生产方式和生产力水平，进而推动区域发展，具体包括科学教育、文化娱乐、医疗保健等内容。到目前为止，学术界广泛认可世界银行对于基础设施的界定和分类，其权威性较高。

国内学者在对基础设施定义的理解上存在分歧（如表1.3所示）。部分学者沿用世行标准来界定基础设施，认为国内基础设施（从行业来划分）应该包含八类：①电力、燃气及水的生产和供应业；②交通运输、仓储和邮电业；③信息传输、计算机服务和软件业；④科研、技术服务和地质勘探业；⑤水利、环境和公共设施管理业；⑥教育业；⑦卫生、社会保障和社会福利业；⑧文化、体育和娱乐业。更多学者则认为基础设施应具有规模经济效应，其空间形态具有线状、带状或网络状特征，认知上偏向于赫希曼狭义基础设施的定义。具体来讲，以交通、能源、信息等为核心的基础设施是经济活动不可或缺的部分，具有投资规模大、空间不可分割、边际规模报酬递增的特点；相比之下，科学研究、教育、卫生保健、文化娱乐等广义基础设施的空间形态为点状，空间可以分割并且区域溢出效应不明显，与经济活动也不直接相关，故而不应归入基础设施行列。还有一些学者根据基础设施的内涵从不同角度进行了延伸。例如：从法律架构、社会制度、规则秩序等角度探讨国家体制基础设施，从公共知识池、知识可获得性、知识共享平台等角度探讨国家知识基础设施，从景观设计、生境系统、绿色公共品等角度探讨城市生态基础设施，从支付体系、征信系统、法制监督等角度探讨国家金融基础设施等。

表 1.3　国内关于基础设施定义的文献梳理

范围	类别	核心观点	具体表现	文献资料
内涵	广义基础设施	为经济活动提供直接或者间接的共同生产条件	公路、铁路、港口、机场、管道、通信设施、给排水系统、科研机构、学校、医院、图书馆、体育馆等	李泊溪,刘德顺(1995);金凤君(2001);李忠富、李玉龙(2009)
	狭义基础设施	为经济活动提供直接的共同生产条件	公路、铁路、道路、电线、管道、互联网、通信基站等	张馨,袁星侯(2000);徐曙娜(2000);胡家勇(2003);范九利等(2004);郭庆旺、贾俊雪(2006);张军(2007);张光南 等(2010、2013);刘生龙,胡鞍钢(2010);金戈(2012);胡李鹏 等(2016)
外延	体制基础设施	为社会发展提供体制基础和制度保障	产权结构、财税体系、社会保障、市场管制、法律制度等	钱颖一(1993)
	知识基础设施	集成各学科的知识,将知识标准化并建立共享平台	网上实验室、网上博物馆、经济决策系统、医学咨询系统等	曹存根(2001);宋峻峰 等(2005)
	生态基础设施	为社会持续提供自然生态公共产品	山水格局、生境系统、自然形态、湿地系统、绿地与森林等	俞孔坚 等(2001);李锋 等(2014)
	金融基础设施	为金融发展提供标准化产品或服务	支付体系、征信系统、金融监管体系、有关金融发展的法律法规等	钱小安(2003);李稻葵 等(2016)

　　已有研究对基础设施概念的界定具有重要参考借鉴价值,基础设施对收入增长的影响不仅体现在投资拉动上,也与基础设施的规模经济、基础设施提升人力资本相关。一方面,居民收入增长离不开产业支持,交通、能源、信息等生产性基础设施的先行投资能够促进产业发育和发展,进而增加就业岗位,提高居民收入水平;另一方面,居民收入增长也与个人素质密切相关,教育、卫生、科研等社会性基础设施有利于提高生产率水平,从而带动居民收入增长。当前对三峡库区基础设施的增收效应的研究,对象主要集中在公路、铁路、机场等生产性基础设施,缺乏对社会性基础设施的必要关注。此外,导致三峡库区居民收入水平偏低的一个重要原因是劳动力素质低下。企业"用工荒"与居民"就业难"的结构性矛盾比较突出,这种劳动力市场上"短缺"和"过剩"并存的现象还未引起学界足够重视。因此,本书关于三峡库区基础设施概念的界定采用世行标准,将三峡库区基础设施分为生产性基础设施和社会性基础设施。其中,生产性基础设施包括交通、能源、信息等基础设施,社会性

基础设施包括科研、教育、卫生、文化娱乐等基础设施。本书通过对三峡库区基础设施的综合评价和经验分析，研究不同类型基础设施对库区居民收入增长的影响机制和经济效应，剖析基础设施发展的现实短板，探索出一条稳健促进库区居民收入增长的基础设施发展路径。

1.2.3 收入

亚当·斯密（Adam Smith）在《国富论》中将国民收入分为三种：提供劳务以获得工资、提供资本以获得利润、提供土地以获得地租。

经济学中的收入，对国家而言，是指新增产品和服务的总和；对企业而言，是指经营利益的总流入；对居民而言，是指从各种来源渠道得到的财产合计。在增收效应的文献研究中，收入泛指人均可支配收入，即居民家庭成员可以用来自由支配的平均收入。人均可支配收入是人均得到可用于最终消费支出和其他非义务性支出以及储蓄的总和，反映了地区居民家庭的平均生活水平。我国各级统计年鉴资料将居民可支配收入来源分为两大类，即工资性收入和非工资性收入（经营性收入、财产性收入和转移性收入），如图 1.1 所示。

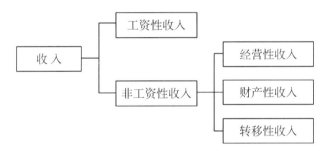

图 1.1　居民可支配收入的来源

（1）工资性收入：家庭有成员受雇于企业或个人，通过劳动获得报酬，例如工资、补贴、实物福利、住房公积金等。

（2）经营性收入：以家庭为生产经营单位进行生产筹划和管理而获得的收入，例如从事农林牧渔业、制造业、批发零售业等行业活动所获得的收入。

（3）财产性收入：金融资产或有形非生产性资产的所有者向其他机构单位提供资金或将有形非生产性资产供其支配，作为回报而从中获得的收入，例如利息收入、红利收入、保险收入、出租土地、房屋、机械、专利收入等。

（4）转移性收入：无须付出任何对应物而获得的货物、服务、资金或资产所有权等，不包括无偿提供的用于固定资本形成的资金，一般指二次分配所得的收入，例如养老金、离退休金、社会救济和补助、政策性生活补贴、医疗报销、捐赠收入等。

根据研究目的,增收效应包含两层释义:从理论层面来看,增收效应是指三峡库区基础设施发展对收入增长的影响机理,这是本书的逻辑基础;从实践层面来看,增收效应是指三峡库区基础设施发展对收入增长的贡献程度,这是本书的经验依据。在基础设施发展对收入增长的影响机理中,要辨析各类基础设施投资如何引致居民收入增长,从而建立逻辑自洽的基础设施发展与收入增长的理论框架。综合研究增收效应的理论和实践内涵,对于洞察三峡库区基础设施发展与收入增长的内在影响规律具有重要意义。

1.3 研究内容与方法

1.3.1 研究内容

全书共分为 7 章,第 1 章为绪论,第 2 章梳理了相关理论基础和文献综述,第 3 章构建了本书的理论框架,第 4 章对三峡库区基础设施和居民收入进行了统计描述,第 5、6 章实证检验了三峡库区基础设施的增收效应,第 7 章为全文的结论概括和研究展望。具体研究内容如下所示:

第 1 章:绪论。该章包括研究背景、意义、内容、方法、技术路线以及可能存在的创新点。

第 2 章:理论基础与文献综述。该章理论基础所包含的内容主要有公共物品理论、外部性理论、经济增长理论、收入增长理论,文献综述所包含的内容主要有基础设施增收效应的理论关系、基础设施增收效应的实践经验、基础设施增收效应的库区研究。

第 3 章:基础设施增收效应的理论框架。理论框架分为影响机制和理论模型两部分,其中基础设施增收效应的影响机制主要包含基础设施增收的投资影响机制、空间影响机制、长期影响机制;基础设施增收效应的理论模型主要包含基础设施增收的投资效应模型、基础设施增收的长期效应模型以及基础设施增收的空间效应模型。

第 4 章:三峡库区基础设施与居民收入的现状评价。本章主要从三峡库区人口与经济基本状况、三峡库区基础设施发展状况、三峡库区居民收入水平状况三个方面对三峡库区基础设施与居民收入的现状进行了描述性统计分析。

第 5 章:三峡库区基础设施增收效应的实证分析。本章首先阐述了基础设施增收效应的研究基础,其次构建了基础设施增收效应的计量模型、指标体系，并对其数据进行了说明，最后实证分析了三峡库区各类基础设施发展对居民收入增长的总体性和异质性影响。

第6章：三峡库区基础设施增收效应的时空溢出检验。在长期效应检验上，构建了面板向量自回归模型，量化分析各类基础设施对居民收入的动态影响路径，从而得出样本期内三峡库区基础设施与居民收入状态的长期关联；在空间效应检验上，构建了面板空间计量模型，研究在不同空间权重矩阵下其他地区基础设施发展对本地居民收入增长的空间影响特征。

第7章：结论、政策启示与展望。

1.3.2 研究方法

运用科学的研究方法来认识问题、分析问题并解决问题，是贯穿本书的逻辑基础。在三峡库区基础设施的增收效应研究上，本书所使用的方法及其拟解决的问题如下所示：

（1）规范分析与实证分析有机结合。经济学分析历来重视规范分析和实证分析的有机结合。运用规范分析方法建立基础设施增收效应的理论框架，其中包括基础设施增收效应的影响机制和理论模型；运用实证分析方法检验三峡库区基础设施的增收效应，具体包括应用面板数据模型量化各类基础设施发展对居民收入增长及城乡差距的边际影响，运用面板向量自回归模型检验三峡库区基础设施对居民收入增长的长期效应，运用面板空间杜宾模型检验三峡库区基础设施对居民收入增长的空间溢出效应。

（2）总体性分析与异质性分析相互渗透。总体性分析和异质性分析贯穿始终，其中，总体性分析侧重于矛盾的一般性，异质性分析侧重于矛盾的特殊性。本书在总体性分析上，考察了基础设施发展对库区居民收入的总体影响、长期影响和空间影响；在异质性分析上，重点考察了地区异质性和城乡异质性下的基础设施增收效应。

（3）趋势分析和比较分析交叉运用。趋势分析和比较分析分别对应时间维度和空间维度。本书在趋势分析上，梳理了基础设施内涵的发展脉络以及三峡库区经济总量、基础设施、居民收入的发展趋势；在比较分析上，比较分析了国内外基础设施增收效应的理论研究视野，比较分析了三峡库区、重庆市以及全国的基础设施和居民收入状态，横向比较分析了三峡库区内部 15 个区县基础设施和居民收入的空间格局。

本书技术路线如图 1.2 所示。

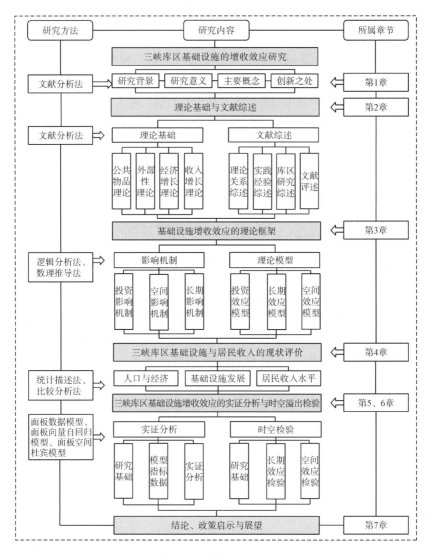

图 1.2　本书技术路线

1.4　可能存在的创新点

欠发达地区利用外部基础设施投资来促进居民收入增长，往往偏重于各类基础设施工程项目所带动的资本集聚和就业拉动，短期内提高了劳动力边际报酬水平，从而起到扶贫纾困的效果。本书针对三峡库区基础设施增收效应的研究，考察了三峡库区基础设施与居民收入增长的理论关联，建构了基础设施发展与居民收入增长的多维影响路径，实证分析和检验了三峡库区基础设施发展对居民收入增长的实践效果。对比已有文献，本书可能存在以下几点创新：

第一，在分析视角上，基于短期投资影响、长期溢出影响和空间溢出影响的多维影响路径建立了基础设施增收的理论框架，研究视阈更为全面，丰富了现有基础设施增收效应研究的逻辑分析体系。现有文献针对基础设施增收效应的研究逻辑大致可分为两类，其一是在宏观视角上侧重于基础设施的投资驱动作用，其二是在微观视角上侧重于基础设施发展对人力资本的拓展，较少系统性地把基础设施和居民收入的理论关系阐释清楚。本书遵循逻辑分析和数理推导相结合的方式，将三峡库区基础设施增收的理论框架分为影响机制和理论模型两部分。其中，影响机制以基础设施为起点、以居民收入为终点，考察基础设施投资促进居民收入增长的中间过程；理论模型基于不变要素替代弹性生产函数，分别建立城镇-农村两部门、家庭-企业两部门、南方-北方两部门等经济系统，推导出基础设施发展对居民收入增长的影响效应。

第二，在分析方法上，基于理论框架中的多维影响路径，运用多种计量模型分别进行三峡库区基础设施增收效应的实证研究和时空溢出检验，对基础设施增收效应的量化分析手段具有借鉴作用。对于基础设施增收效应的实证分析，构建了一个包含基础设施在内的明瑟收入决定方程扩展形式，运用面板数据分析量化了各类基础设施对居民总体收入、分地区居民总体收入、城乡居民收入及其绝对差和相对差的边际影响；对于基础设施增收效应的长期溢出检验，借助面板向量自回归方法考察基础设施发展对居民收入增长的长期影响，并模拟了不同时期各类基础设施对居民收入的脉冲响应状态；对于基础设施增收效应的空间溢出检验，运用空间计量回归模型，构建了地理相邻传递、地理距离传递、经济距离传递和经济地理距离传递四个具有不用空间传递机制的权重矩阵，并进行了模型间拟合结果对比，使得参数估计更具稳健性。

第三，在分析内容上，已有文献侧重于对国家、省市等具有较大范围特征的地理单元进行研究，较少针对三峡库区这一独特地理单元进行剖析。以三峡库区为研究对象有两个必要性：一方面，三峡库区基础设施发展与居民收入发展的关系具有欠发达地区的典型性；另一方面，三峡库区近些年来受到政府的大力支持。研究这一地理单元有助于反思和优化当前三峡库区基础设施发展策略，为我国其他集中连片贫困地区和世界大型水利水电库区经济社会发展提供可资借鉴的经验依据。

第 2 章　理论基础与文献综述

2.1　理论基础

根据基础设施属性及其增收机制，本章基于公共物品理论、外部性理论、经济增长理论、收入增长理论等来构建基础设施增收效应的理论基础。在以上相关理论追溯过程中，本章将搜寻基础设施增收效应研究的逻辑起点，探讨基础设施与收入增长的相关性，从而为下一步影响机制分析和模型设计提供坚实的理论依据。

2.1.1　公共物品理论

2.1.1.1　萨缪尔森的物品属性论

公共物品的理论源起最早可追溯到大卫·休谟的《人性论》。《人性论》第三卷第七节"论政府的起源"中提道："相互了解对方心思的邻人可以同意去排他们所共有的一片草地的积水，并且他们都知道，不执行自己排水任务的后果是这片草地的积水将永远无法排除。但是，要使一千个人都同意来排水，纵然这是他们所共有的草地，也难以达成共同排水的意愿和行动。"这被认为是公共物品无法自发供给的最初例证。公共物品的经典定义当属萨缪尔森1954 年在《公共支出的纯理论》一文中所述：纯粹的公共产品或劳务是这样的产品或劳务，即每个人消费这种物品或劳务不会导致别人对该种产品或劳务的减少。萨缪尔森的定义抽象出公共物品固有的非竞争性与非排他性属性，也成为界定公共物品的基本标准。在此标准下，萨缪尔森将物品二分为公共物品与私人物品，但是纯粹的公共物品在现实中极为少见，这使得萨缪尔森的"公-私"二分法缺乏实际根基。对此，马斯格雷夫提出物品三分法，即分为私人物品、公共物品和有益物品。"有益物品"是指在无法达成所有人的个人意愿统一的情况下，政府可以通过强制消费的方式来提供满足社会发展基本需求的"有益"物品。继之，阿特金森和斯蒂格利茨（Atkinson & Stiglitz，1992）以高速公路为例来说明相对"纯公共物品"而言更为广泛存在的"准公共物品"。准公共物品并不同时满足非排他性和非竞争性，它是私人物品与纯公共物品所不能覆盖的回转之地。相似地，布朗和杰克逊（Brown & Jackson，2000）也采用三分法来划分物品，分别是纯公共物品、混合物品与纯私人物品。萨瓦斯（Savas，2002）根据非排他性和非竞争性建立坐标轴划分体系，将社会物品进一步分为四类，即集体物品、个人物品、公共资源、可收费物品，分属坐标轴的四个象限，如图2.1所示。

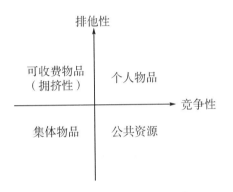

图 2.1　萨瓦斯的物品四分法

2.1.1.2　布坎南的交易范式论

布坎南对萨缪尔森的公共物品定义进行了批判认识，认为纯粹的非排他性和非竞争性公共物品在现实中难以识别。因此，布坎南从公共物品的交易范式上重新构建公共物品理论。在《公共物品的需求与供给》中，布坎南明确定义：在人们观察到的物品中，有些是通过市场制度实现供给与需求，另一些是通过政治制度实现供给与需求，前者被称为私人物品，后者则被称为公共物品（Buchanan，1968）。尔后，马莫罗从宪政经济学的角度则更为直接地定义：全体消费者对社会物品的供给方式进行决策，同意由政府供给的物品则为公共物品，同意由市场提供的物品则为私人物品（Marmolo，1999）。布坎南、马莫罗从物品的供给方式来定义物品的"公共性"，这与萨缪尔森从物品的属性来定义"公共性"有着本质区别。在交易范式决定下，公共物品供给的关键问题已不再是帕累托效率，而是供给公共物品的制度设计（张晋武 等，2016）。

2.1.1.3 公共物品与基础设施的关系

无论是从物品属性还是交易范式来看，基础设施都具有准公共物品特征。

从物品属性来看，如果不考虑基础设施的维护成本和受众范围，那么铁路、公路、管道、电线、通信网络等生产性基础设施与学校、医院、研究所、体育馆等社会性基础设施都具有边际使用成本低廉的特征，这体现出公共物品的非排他性和非竞争性。但是，基础设施具有拥挤性，一旦突破基础设施非拥挤区间临界的上限，基础设施便会显现排他性特征。现实中的基础设施多为可收费的公共物品，即准公共物品，可通过提高基础设施的消费门槛来保证基础设施使用处在非拥挤的区间内。Trounstine（2016）认为道路、公园、管道、水利等基础设施的消费对于全社会来说具有不公平性，原因正是这些准公共物品通过制定收费标准而实现差异化供给，这体现出基础设施的排他性和非竞争性。Aanestad 等（2007）以空间数据信息基础设施（sptial data infrastructures，SDIs）为例，说明信息基础设施具有规模经济效应，其公共物品属性要强于私人物品属性。

从交易范式来看，由于基础设施具有投资规模大、投资周期长、投资回报率低等一般化表现，并且一项基础设施的实施还需要协调社会各方利益以促成决策一致性，因此，高投入、高风险、长周期、低回报的成本收益模式使基础设施成为天然的私人资本投资洼地。马斯格雷夫和罗斯托在经济发展阶段论中对基础设施的供给主体达成共识，政府财政支出是基础设施资金的根本来源（黄恒学，2002）。尽管随着基础设施融资模式的不断创新，衍生出 BOT（build-operate-transfer，建设-经营-转让）、PPP（public-private partnership，政府和社会资本合作）等多元化供给主体模式，但政府在基础设施供给方式、供给数量、供给对象等决策上仍然占有主导地位。因此，根据布坎南、马莫罗等人的界定标准，作为政府财政支出下的基础设施应当归属于公共物品类别，相应地，基础设施供给配置的关键问题是政策和制度的设计。Miguel（2004）通过对比肯尼亚和坦桑尼亚的基础设施现状，其认为坦桑尼亚的基础设施好于肯尼亚的一个重要原因是，坦桑尼亚不断进行着国家内部各地区行政权力的整合建设，而肯尼亚国家内部部落管理模式的分化自治特征明显，相比之下，坦桑尼亚更容易达成公共支出一致性决策，从而有利于政府更好地供给基础设施。Berg 和 Horrall（2008）以能源、信息、水利等基础设施的供给配置为例来说明公共监督机构对于政府进行公共物品决策的重要性，这有助于政府在基础设施投资上做出理性决策。

2.1.2 外部性理论

2.1.2.1 外部性的源起与发展

1848 年，约翰·穆勒（John S. Mill）在《政治经济学原理》中写道："确保航行安全的灯塔、浮标等设施，应由政府来建立和维护。因为虽然船舶在海上航行时受益于灯塔，却不可能让船舶在每次使用灯塔时支付受益费，所以谁也不会出于个人利益的动机建立灯塔，除非国家强制课税，用税款报偿建立灯塔的人。""灯塔范例"揭开了经济活动中的"搭便车"现象，也引出了经济学新的研究热点——外部性。此后，针对外部性的研究经历了三个里程碑。1890 年，阿尔弗雷德·马歇尔（Alfred Marshall）在《经济学原理》中首次提出"外部经济"，这被认为是最早对外部性展开的综合研究。马歇尔把企业扩大生产规模所取得的收益的原因分为两类，一类是企业的资源、组织效率等因素所致，另一类是企业所处的发达的经济社会环境所致。前者称为内部经济，后者即是外部经济。紧接着，1920 年，阿瑟·庇古（Arthur C. Pigou）在《福利经济学》中进一步扩充了外部性概念，阐释了马歇尔未曾考虑的"外部不经济"情况。庇古认为，外部性是由边际社会成本与边际私人成本、边际社会收益与边际私人收益的差异所产生的。当边际私人成本小于边际社会成本时，经济活动表现出负外部性；当边际私人收益小于边际社会收益时，经济活动表现出正外部性。但无论外部性是正是负，私人成本和收益均衡点都偏离了全社会成本和收益均衡点，因此不可能使资源配置达到帕累托最优状态。对此，庇古提出外部性内部化的相关构想。对于负外部性，政府应当对企业予以征税，所征税额为边际社会成本与边际私人成本之差；对于正外部性，政府应当对企业予以补贴，所补贴额为边际社会收益与边际私人收益之差。随后，1960 年，罗纳德·科斯（Ronald H. Coase）针对庇古的外部性解决方案进行了批判认识，认为在产权界定明晰的情况下，根本无须"庇古税"来规制经济活动中的外部性，通过市场交易就可以达成资源的最优配置。可以看出，科斯的产权论将经济活动的外部性内化到市场交易双方的权利中去，如此一来，外部性所引起的适与不适均可通过市场交易得以识别，并且最终的资源配置总会是帕累托有效。

2.1.2.2 多重视角下的外部性分类

针对外部性无休止的批判与讨论不断丰富其理论内涵与外延，起初被形容为"空盒子"的外部性理论逐渐走向内容系统化和分析规范化（Clapham，1922）。从外部性的发端领域、时空维度、竞争类型、影响效果、传递机制、可预见性等角度上，可以对外部性的表现形式进行分类。

从发端领域上看，外部性可分为生产外部性和消费外部性。在经济活动中，生产与消费两端均会产生外部性，但在外部性理论研究的初期阶段，学者们重点关注的是生产外部性。马歇尔的外部经济论、庇古的税收与补贴论均是研究生产端的外部性问题。随着经济社会不断向上发展，人们越来越追求生活品质，对消费外部性的研究也逐渐增多。

从时空维度上看，外部性可分为空间外部性和时间外部性。空间外部性通常是指区域间经济活动存在外部性，侧重外部性的横向溢出；时间外部性通常是指前期经济活动对后期的经济影响，侧重外部性的纵向溢出。显然，具有空间不可分割的公路、铁路、管道、水库等基础设施具有空间外部性，而具有提升人力资本作用的教育、医疗等基础设施具有时间外部性。

从竞争类型上看，外部性可分为竞争外部性和垄断外部性。竞争外部性与垄断外部性是指企业在竞争或垄断地位进行经济活动所产生的外部性。鲍莫尔（William J. Baumol）认为，企业处于竞争地位和处于垄断地位在面临外部性影响时可能会采取相反的措施，当企业处于竞争地位时，企业经济活动会改善其他企业的经营环境，使同质竞争企业处于竞争优势地位，因此企业不会进行生产；但在垄断情况下，虽然企业经济活动仍会产生正外部性，但是在该企业独占整个行业的垄断利润，这足以弥补效益外溢的损失，因此企业会继续进行生产（鲍莫尔，1982）。

从影响效果上看，外部性可分为外部经济和外部不经济。外部经济与外部不经济是外部性最常见的分类，经济活动使另一方（通常指个人、企业、地区、国家等）受益，而另一方未支付与受益相均等的费用，则为外部经济；经济活动使另一方受损，未向另一方支付与受损相均等的费用，则称为外部不经济。从整体效益来讲，基础设施投资与发展具有外部经济效应。

从传递机制上看，外部性可分为单向传递外部性和互向传递外部性（OECD，1996）。单向传递外部性是指一方的经济活动会使另一方受益（或受损），而另一方的经济活动则不会（至少是不直接会）使己方受益（或受损）。例如上游化工厂污染排放与下游渔场产量下降就属于单向负外部性。互向外部性是指经济活动中双方的行动都会给对方造成影响。基础设施互联互通则具有互向正外部性。

从可预见性来看，外部性可分为可预见外部性和不可预见外部性。可预见外部性是指外部性对经济活动的影响能够被识别并加以控制，是外部性内在化。不可预见外部性是指外部性对经济活动的影响难以被识别和控制，无法对其产生的经济后果进行规制。通常学者们所关注的外部性是可预见外部性。可预见外部性可以通过制度设计、产权界定、决策安排等方式来减少经济风险和效率损失，具有可控性，因此，可预见外部性又被称为"稳定外部性"。不可预见外部性是指经济活动中的外部性未被识别到，其产生的外部性影响往往需要长期累积才被发现。1874 年，瑞士化学家保罗·米勒（Pual H. Muller）合成双对氯苯基三氯乙烷，英文简称 DDT，DDT 被大量应用于农业杀虫剂领域，对农业害虫有显著杀灭效果，而米勒本人也因此项发明获得 1948 年诺贝尔生理学或医学奖。但是，DDT 在自然界中难以分解，在土壤、水流、生物体内等常年累积，从而对环境和生物体造成慢性毒害，具有严重的负外部性，但这种负外部性起初并未被预见到，反而在全球范围内广泛扩散。因此，学者们将类似 DDT 案例的外部性称为不可预见外部性，由于不可预见外部性在期初没有被足够评估到危害，不可预见外部性也被称为"不稳定外部性"（沈满洪等，2002）。

外部性理论的发展与分类如图 2.2 所示。

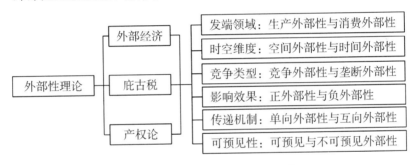

图 2.2 外部性理论的发展与分类

2.1.2.3 外部性与基础设施的关系

基础设施具有外部性已是国内外学者们的研究共识。从外部性的分类角度上看，基础设施外部性主要体现在以下六个方面：

（1）基础设施的外部性既可以体现在生产端，也可以体现在消费端。在生产端，基础设施能够提升生产活动中的生产效率、交易效率，有效降低企业经营的综合成本（Ng et al., 2007）；在消费端，基础设施供给能够缓解消费中的拥挤情况，提高社会整体的生活水平（Latif, 2002）。

（2）生产性基础设施主要体现空间外部性，社会性基础设施主要体现时间外部性。由于生产性基础设施具有空间不可分割性，在空间上可以产生规模经济，具有空间外部性（刘生龙 等，2010）；社会性基础设施所提供的公共服务能够使人力资本累积，并持续对经济活动产生影响，具有时间外部性（张茜，2007）。

（3）从市场结构来看，生产性基础设施具有垄断外部性，社会性基础设施具有竞争外部性。由于生产性基础设施投资面大、投资额高，行业准入条件严苛，所以生产性基础设施具有垄断外部性；但社会性基础设施空间分布松散，以学校、医院为代表的基础设施竞争激烈，具有竞争外部性（Wang et al.，2017）。

（4）基础设施产生的外部性绝大部分为正外部性（Haller，2016），但基础设施具有拥挤性，一旦发生拥挤现象，基础设施会降低经济活动中的交易效率，还会连带有环境污染，从而导致负外部性（Conrad，1997）。

（5）一般而言，以空间外部性为主要特征的生产性基础设施具有互向外部性，以时间外部性为主要特征的社会性基础设施具有单向外部性。生产性基础设施的规模经济效应介于二者之间，促进基础设施空间上互联互通，可以最大限度地发挥基础设施对收入增长的拉动作用（Giaccaria et al.，2016）。时间外部性一贯呈现的是"前人栽树，后人乘凉"的单向外部性，而不存在未来对过去的外部性影响。

（6）基础设施外部性具有可识别、可控制的特征，因而为可预见外部性，或可称为稳定外部性。虽然基础设施的外部性存在效率损失的可能性，但是随着基础设施项目管理的日趋合理，外部性引发的风险能够被层层控制并内部化，从而降低效率损失的可能性。

综上所述，外部性理论是开展基础设施相关研究的重要基础理论，对三峡库区基础设施增收效应的研究，必然考察基础设施外部性对库区居民收入增长的综合影响，从而探讨库区基础设施外部性内生化路径和制度设计方案。

2.1.3 经济增长理论

20世纪30年代到90年代，对经济增长的理论解释经历了三次重要变革：第一次变革是哈罗德（Harrod，1939）、多玛（Domar，1946）提出的哈罗德-多玛增长模型；第二次变革是索洛（Solow，1956）、斯旺（Swan，1956）提出的新古典增长模型；第三次变革是阿罗（Arrow，1962）、罗默（Romer，1986）、卢卡斯（Lucas，1988）、巴罗（Barro，1990；1991）等提出的内生增长理论。

2.1.3.1 哈罗德-多玛增长模型（Harrod-Domar growth model）

哈罗德、多玛假定在封闭经济充分就业的前提下，经济增长的稳态条件是实际投资等于实际储蓄 $I_t = S_t$，并且有 $S_t = sY$、$I_t = \Delta K$，其中，s 表示储蓄率，ΔK 表示资本增量，那么经济增长率 $g = \dot{Y}/Y = (S/Y)/(\Delta K/\Delta Y) = s \cdot c$，其中 $c = \Delta K/\Delta Y$，表示资本–产出比。哈罗德–多玛增长模型认为在稳态水平下，经济增长只与国民储蓄率和资本–产出比相关。且不论这一结论正确与否，单是 $I_t = S_t$ 的稳态条件就充满了偶然性和不确定性，真实的经济运行难以实现储蓄恒等于投资，因此哈罗德–多玛增长模型的稳定假定所得到的经济增长结论又被称为"刀锋式"增长。

2.1.3.2　**新古典增长模型**（neoclassical growth model）

针对哈罗德–多玛增长模型的解释力不足问题，索洛、斯旺构建起包含资本、劳动、技术进步三要素的规模报酬不变的经济产出方程 $Y(t) = F(K(t), A(t)L(t))$，可简写为 $y = f(k)$，其中 y 表示有效人均产出，k 表示有效人均资本。有效人均产出函数满足以下条件：$f(0) = 0$，$f'(k) > 0$，$f'' < 0$，$\lim_{k=0} f'(k) = \infty$，$\lim_{k=\infty} f'(k) = 0$。进一步地，索洛假定劳动与技术进步均为外生变量，均以 n、g 不变速度增长，资本存量变化为 $\Delta K = sY - \delta K$，当经济处于稳态水平时，总产出增长率等于外生变量增长率之和（$n + g$）。显然，稳态水平下新古典增长模型中的经济增长率仅与人口增长率和技术进步增长率相关，但人口增长率与技术进步是作为外生变量而给定的，而并非模型重点考察的内生因素，特别是将技术进步因素解释成经济增长的"黑箱"，这是后继研究对该模型诟病的主要因由。

2.1.3.3　**内生增长理论之"干中学"**（endogenous growth theory—learning by doing）**模型**

继新古典增长模型之后，阿罗的"干中学"模型进一步放宽经济增长规模报酬递减的假定。阿罗认为，凝结在劳动力中的知识存量是动态上升的，因为劳动者能够在实践中不断积累知识，再通过知识来指导实践，从而形成经济增长的溢出效应。由于阿罗构建"干中学"模型能够不在外生因素干预下达成经济增长，因此，该模型被誉为内生增长理论的奠基之作。阿罗将知识内化在劳动效率之中，在 $t_2 > t_1$ 中，与资本存量 K 相匹配的劳动使用量满足 $L(K_{t_1}) > L(K_{t_2})$，即 $\partial L(K_t)/\partial t < 0$，也就是说，$t_2$ 时期生产等量资本品所需的劳动数量将小于 t_1 时期。在任一时间点上，有 $\bar{Y} = \int_K^{K'} f(K)\,\mathrm{d}K$、$\bar{L} = \int_K^{K'} L(K)\,\mathrm{d}K$，令 $\Gamma(K) = \int f(K)\,\mathrm{d}K$、$\Lambda(K) = \int L(K)\,\mathrm{d}K$，则有 $\bar{Y} = \Gamma(K') - \Gamma(K)$、$\bar{L} = \Lambda(K') - \Lambda(K)$，可得 $\bar{Y} = \Gamma(K') - \Gamma(\Lambda^{-1}(\Lambda(K') - \bar{L}))$。根据阿罗特例，当资本–产出比不变时，

令 $f(K) = a$、$L(K) = bK^{-n}$，易得 $\Gamma(K) = aK$、$\Lambda(K) = (b/(1-n))K^{1-n}$，则：当 $n = 1$ 时，经济增长为 $\bar{Y} = aK(1 - e^{-L/b})$；当 $n \neq 1$ 时，经济增长为 $\bar{Y} = aK(1 - (1 - \bar{L}/((b/(1-n))K^{1-n}))^{1/(1-n)})$。从"干中学"模型推导中可以看出，经济增长不依靠外力作用，通过资本存量的不断增加也能实现内生增长。

2.1.3.4 内生增长理论之人力资本（endogenous growth theory—human capital）**模型**

阿罗的"干中学"模型对卢卡斯的人力资本模型有重要启发作用，卢卡斯进一步解释了人力资本不断提升的理论机制，并明确提出人力资本对经济增长具有外溢效应。在人力资本模型中，卢卡斯认为每个劳动者的人力资本水平为 $h[h \in (0, \infty)]$，并且将人们的时间分为两部分：生产时间 $\mu(t)$ 和闲暇时间 $[1 - \mu(t)]$。假设市场中有 L 个劳动力，那么投入生产的有效劳动量为 $L^* = \int \mu(t)L(h)dh$，产出应为 $Y^* = F(K, L^*)$。根据阿罗的"干中学"模型，人力资本累积能够不断提高生产能力。卢卡斯做了新的补充，认为人力资本不仅能够提高生产力，还能提高全社会平均人力资本水平，即 $ha = \int h \cdot L(h)dh/\int L(h)dh$。社会平均人力资本水平能够提高各投入的生产效率，对经济增长有溢出效应。因此，卢卡斯构建人力资本模型的产出函数为 $Y = AK(t)^\alpha (\mu(t)h(t)L(t))^{1-\alpha}ha(t)^\gamma$，从而易得，经济增长在全社会平均人力资本的溢出作用下，边际产出具有规模报酬递增的特征。

2.1.3.5 内生增长理论之技术创新（endogenous growth theory—technological innovation）

在卢卡斯的研究的基础上，罗默进一步强化技术因素对于经济增长的内生作用。在罗默（Romer, 1994）的分析框架下，人力资本被划分为两部分——用于最终生产的人力资本和用于技术研发的人力资本，并将资本分解为无数个不可完全替代的资本品，在此条件下，最终产出函数可表示为

$$Y = (H_Y, X, L) = H_Y^\alpha L^\beta \sum_i X_i^{1-\alpha-\beta}$$

从上述模型可以看出，经济产出与技术并不相关，为了解决这个问题，罗默巧妙地构建一个中间部门，而这个中间部门专门负责对资本品的生产，并且中间部门是技术投入部门，能够将最终产品通过技术投入转化为资本品，即 $K = \eta \sum X_i$。由于技术的生产与技术人力资本和已有的技术水平相关，因而技术生产量可表示为 $\tilde{A} = \delta \cdot H_A \cdot A$。可以看出，技术进步一方面可以增加资本品产量，另一方面又能够增加现有的技术存量，进而促进技术进步，形成不断增

长的内循环。根据上述收益与成本表达式，最终产品部门的利润最大化为 $\max\limits_{x}$ $\int H_Y^\alpha L^\beta x(i)^{1-\alpha-\beta} - p(i)x(i)\mathrm{d}i$，可求得资本品的总需求为 $p(i) = (1-\alpha-\beta)H_Y^\alpha L^\beta x(i)^{-\alpha-\beta}$；中间产品部门的利润最大化为 $\max\limits_{x}p(i)x(i) - r\eta x(i)$，将 $p(i)$ 代入后，得 $\max\limits_{x}(1-\alpha-\beta)H_Y^\alpha L^\beta x(i)^{1-\alpha-\beta} - r\eta x(i)$。由于中间产品部门技术获取的条件是技术获取成本（技术价格）至多等于中间产品部门的利润现值，故有 $P_A(t) = \int_t^\infty e^{-\int r(s)\mathrm{d}s}\pi(\tau)\mathrm{d}\tau$，得 $\pi(t) = r(t)P_A$，表明，中间产品部门任一时点的利润都必须超过最初技术投入现值。罗默模型的经济稳定增长率为 $g = \dot{Y}/Y = \dot{C}/C = \dot{K}/K = \dot{a}/A = \delta H - \alpha r/((1-\alpha-\beta)(\alpha+\beta))$，简言之，稳态水平下的经济增长率与人力资本水平正相关。至此，经历了阿罗、卢卡斯、罗默等人的发展，内生增长理论的逻辑框架和研究范式日趋严谨，其理论内涵也在不断丰富。

2.1.3.6 经济增长理论与基础设施的关系

基础设施促进经济增长早已有共识，无论是新古典增长理论假定基础设施外生于经济系统，还是内生增长理论假定基础设施内生于经济系统，均能在理论假定下洞悉基础设施与经济增长的发展规律（杨宏儒，1991；朱勇 等，1999）。当基础设施外生时，基础设施投资或出自中央财政的专项拨款，或出自其他地区的无偿支援，或源于本地区的历史遗产等，那么在经济平衡增长路径上，基础设施能够提高长期经济增长率（Glomm et al.，1994）；当基础设施作为内生因素时，基础设施与本地区产出有关，例如基础设施投资出自地方税收等。如果基础设施为萨缪尔森标准的纯公共物品，那么基础设施对经济增长具有稳定的内生促进作用；如果基础设施为准公共物品（具有拥挤性），那么基础设施仍然具有减缓人均资本边际规模报酬递减速度的作用（Barro，1990；1991）。在参数模拟和实证分析中，Shah（1992）、Hulten（2006）将基础设施作为外生变量纳入新古典增长分析框架，并分离出基础设施外部性对经济增长的影响，结论均显示基础设施对经济增长表现出显著有效的解释力。Arrow 和 Kruz（1970）、Tamai（2008；2016）将基础设施作为内生变量纳入内生增长分析框架中，结论均显示基础设施对经济增长至少存在减缓经济增长率下降的作用，并从基础设施投资来自政府税收的角度探讨了最优公共支出政策。综上所述，基础设施、人力资本与经济增长密不可分。在收入增长论中，人力资本是增收的直接因素，在国民经济核算体系中，收入增长是经济增长的重要来源。本节对经济增长理论的梳理，旨在厘清基础设施增收效应的影响机制。

2.1.4 收入增长理论

2.1.4.1 收入增长理论的内涵与外延

人力资本促进收入增长的内生影响毋庸置疑，人力资本水平高的劳动者具有较高的劳动生产率，较高的劳动生产率能够使劳动者获得更高的工资水平（Friedman et al., 1941）。1974 年，雅克布·明瑟（Jacob Mincer）在其著作《教育、经验与收入》中将收入增长与个人的教育、工作经验结合起来，核心观点是教育水平、工作经验是影响个人收入增长的先发性、决定性因素，并据此建立起著名的明瑟收入决定方程。在明瑟收入决定方程中，教育、经验与收入增长存在以下关系：$\ln E_{it} = \ln E_{i0} + rS_i + kT_i - k'T_i^2 + U_i$，其中 r 和 k，k' 分别是教育和经验的回报率，且存在 r，k，$k' > 0$，U_i 是影响人力资本的其他变量。可以看出：在明瑟收入决定方程中，个人的人力资本水平特别是教育水平、工作技能水平是影响收入增长的关键因素，并且投入受教育程度越高，相应的收入水平也越高；投入工作技能训练经验与收入增长存在倒"U"形关系，即在生命周期中工资随工作经验积累呈现先升后降的特征（Chiswick, 2003）。明瑟收入决定方程所秉持的思想是，想要在经济活动中取得更高的报酬，那么增强个人的人力资本存量是提高报酬的唯一出路。

显然，明瑟收入决定方程假定所有异质性劳动者处在相同的外部环境中，这一假定条件缺少实际根基。居民所处的外部环境同样对收入增长有显著影响，要使人力资本发挥收入增长实效，则必须依靠于外部环境载体，这也解释了现实中相同的人力资本条件在不同的环境载体上，居民收入增长效果表现出差异化发展的现象。因此，仅从教育、经验角度考察居民增收效应，而不关注外部环境的调节作用，特别是基础设施的促进作用，所得结论将有失偏颇（杨国涛 等，2014）。

根据明瑟收入决定方程的缺陷，现有研究从两方面进行了有益的改进和补充：一方面从微观个体的人力资本异质性角度（又称内因视角），洞察各种形式的人力资本（教育程度、工作经验、健康状况等）对收入增长的影响，侧重于研究微观个体人力资本的异质性对收入增长的决定作用（程名望 等，2014）；另一方面从经济社会的发展状态角度（又称外因视角），分析外部环境（例如基础设施投资、市场化水平、产业结构等）对国民收入增长的影响，侧重于研究地区经济发展环境对收入增长的促进作用（Easton et al., 1997）。在内因视角上，相关研究分别从性别、年龄、种族、职业、家庭背景等内在因素上分析劳动者个人非经济背景对收入增长的作用表现，相关研究结果证明了教育、工作经验之外的个人非经济因素对收入增长的影响，揭示了当前社会上广泛存在的工资歧视现象（Neumark et al.，1998；Murphy et al.，1990；Schoeni et al.，2000；董良，2016）。在外因视角上，相关研究侧重于从地理位置势能、基础设施水平、产业结构、城市化等外在因素上分析外部环境对收入增长的促进作用。实证结果表明，劳动者所处的外部环境对其收入增长存在显著影响，地理势能较高、基础设施良好、产业结构合理、城市化进程较深等因素一方面能够为劳动者提供收入更高的就业选择，另一方面提高了社会对劳动力的需求程度，提升了劳动的边际收益（Mincer，1996；刘生龙，2008；方晓婀，2007）。

2.1.4.2 收入增长理论与基础设施的关系

根据明瑟收入决定方程和前述经济增长理论的基本思想，基础设施发展对收入增长既有内因拉动作用，又存在外因促进作用。在内因拉动方面，以教育、卫生等为主的社会性基础设施具有增强人力资本的作用，而明瑟收入决定方程得以建立的基本元素就是教育与经验，社会性基础设施的发展正好契合明瑟收入决定方程的构建要旨（Acemoglu et al.，2000）；在外因促进方面，以交通、能源、信息为主的生产性基础设施极大地减少了经济活动中的交易成本，并吸引资本、劳动、知识等要素集聚，扩大社会就业的蓄水池，从而提高劳动、资产、土地的边际收益（Tiffen，2003）。在实践中，发展中国家相较于发达国家，其人力资本较低、基础设施薄弱，因而推进基础设施建设来促进收入增长是政策制定者所坚持实施的长期举措（Seneviratne et al.，2013）。

2.2 文献综述

2.2.1 基础设施增收效应的理论关系

2.2.1.1 国外相关研究综述

亚当·斯密在《国富论》中就曾提到，公共设施和服务的建设与维护属于政府的职能范围，公共设施和服务的发展水平决定了市场的分工水平和规模大小，这对于国民财富的累积有重要意义（Smith，1776）。约翰·凯恩斯在《就业、利息和货币通论》中指出社会有效需求不足是导致1929—1933年欧美国家经济"大萧条"的主要原因之一，当出现有效需求不足时，政府应当发挥经济增长稳定器的作用，采取积极的公共设施投资政策来缓解有效需求不足问题，通过政府支出的乘数效应来带动国民收入的持续增长（Keynes，1939）。

20世纪40~60年代，发展经济学者针对发展中国家和地区的发展基础、条件、障碍、路径进行了系统性研究。虽然影响发展中国家和地区的因素众多，但学者们一致认为，基础设施匮乏是致贫的初始因素，也是阻碍收入增长的根本因素。当发展中国家或地区的基础设施匮乏与经济发生水平低下共同存在时，经济增长有可能陷入"基础设施匮乏→低收入水平→基础设施投资下降→收入减少→基础设施匮乏加剧"的贫困循环系统中（Nurkse，1952）。随着基础设施匮乏所导致的不利因素持续累积，发展中国家或地区将持续深陷"低水平均衡"状态，同时收入被锁定在低水平路径依赖上（Nelson，1956；Myrdal，1957）。因此，发展经济学家普遍认为，破解贫困循环陷阱、促进收入持续增长，关键在于实施基础设施先行政策和相关举措。正如20世纪90年代形成的华盛顿共识和21世纪初达成的圣地亚哥共识，均把基础设施建设列入拉美国家的施政重点清单。

随着基础设施增收效应的理论关系逐渐系统化，学者们关注的重点逐渐导向基础设施发展与居民收入增长的影响机制上。Aschauer（1989）、Shah（1992）根据新古典增长模型，提出经济增长的四要素论，也即，把基础设施作为除资本、劳动、技术进步以外的第四要素引入生产函数模型，重点考虑基础设施发展对经济增长的直接作用。基础设施发展对收入增长的直接带动作用是显而易见的，由于基础设施建设通常具有资本投入量大、劳动力需求量大以及施工周期长等特点，能够刺激产业产能扩张和快速吸纳当地劳动力，引致劳动力稀缺性增强，从而提高了工资水平（Sahoo et al.，2009）。Parker 等（2008）指出："发展中国家或地区进行基础设施建设并没有表现出对收入增长的抑制影响，反倒是城市或农村的低收入人群通常都具有的共同特征是，基础设施可及性低并且基础设施服务质量差。"这一叙述表明了发展中国家或地区基础设施投资至少不会对居民收入造成负面影响。

继研究基础设施要素论的直接带动影响后，学者们把研究方向转向基础设施增收的间接影响（Morrison et al.，1994）。针对基础设施先行性和空间不可分割性特征，基础设施增收效应的外部性大抵上可分为两类：时间溢出效应和空间溢出效应。巴罗基于内生经济增长理论将基础设施增收的时间溢出效应内生化。在内生增长理论视阈下，基础设施发展与收入增长动态互促，因而能够使得基础设施在经济系统中持续发挥溢出作用，形成"基础设施发展—收入增长"的良性循环（Barro，1990）。Ogun（2010）、Sawada 等（2014）、Mohmand 等（2017）等学者均从时间溢出视角分别探讨了基础设施发展对提升人力资本、分摊社会成本和提高生产部门效率等方面的长期累积效应。对于基础设施的空间溢出效应，Munnell（1992）明确指出基础设施发展对收入增长的效果并不仅限于基础设施所在地，而是具有地理溢出效果。囿于地理范围限定来估计基础设施的增收效果，而对基础设施空间溢出效应不加考虑，会低估基础设施发展对居民收入增长的总体影响。同样地，Rietveld（1995）、Lall（2007）认为基础设施增收效应不仅仅是投资拉动和时间溢出，其空间溢出的影响亦十分明显。基础设施往往提供的是标准的非排他性服务，这增加了周边地区居民或企业的"搭便车"行为，从而发挥空间外溢效应。在空间溢出视阈下，Bo等（2010）与Condeço-Melhorado等（2014）的分析结果显示，基础设施的空间溢出效应呈现地理衰减特征。换言之，基础设施增收效应表现为有限范围的空间溢出，并且有限范围内的空间溢出效果也与地理距离呈反比。也即，地理距离越远，基础设施增收效应的空间溢出效果越小；反之则反是。

从上述国外文献梳理中可以看出，基础设施与收入之间的理论关系源远流长，研究视阈从直接投资带动效应逐步延伸至时空溢出效应。促进发展中国家或地区的居民收入增长，需要提高基础设施可及性，这离不开政府和公共部门的统筹规划和先行支持。

2.2.1.2 国内相关研究综述

基础设施增收效应的理论关系一直是国内学者研究的前沿热点。根据基础设施增收效应的不同影响机制，可将已有研究归纳为四类：① 基础设施与收入水平；② 基础设施与经济增长；③ 基础设施与产业结构；④ 基础设施与人力资本。

1. 基础设施与收入水平

李平等（2011）认为，准公共物品属性会导致基础设施在市场供求两侧都出现"市场失灵"现象，这严重制约着居民福利水平的提升。林毅夫（2000；2001）深耕"三农"领域发展，认为农民贫困的决定性因素在于基础设施可及性低和基础设施服务缺位。因此，提高农民收入的关键是政府加大基础设施建设力度，用基础设施投资来促进产业结构和就业结构调整，从而激活农村居民收入增长的"造血"功能。李纯英（2001）认为农村基础设施发展能够拓展农产品的市场流通空间，解决农民"想卖卖不了，想买买不到"的市场扭曲问题，从而增加农民收入水平。郑丹等（2017）认为基础设施对居民工资收入存在溢价效果，工资溢价的原因在于基础设施提升了要素的流动性和边际生产率，而这两点均会增加居民收入。

可以看到，基础设施发展对居民收入增长有积极促进作用，但在城乡统筹背景下，基础设施与城乡居民收入差距也成为研究的重点。骆永民（2010）、曾广录等（2014）从中国城乡基础设施发展差距来解释城乡居民收入差距的成因，正是由于农村落后的基础设施形成了农村居民收入增长的瓶颈，并持续导致城乡居民人力资本累积的"剪刀差"，提升了城乡居民收入的不均等性。张宗益等（2013）、刘晓光等（2015）考察了基础设施的城乡居民收入分配效应，在投资带动下，基础设施发展能够同时增加城镇居民和农村居民收入，并且有效促进农村劳动力向非农就业部门转移，化解了农村劳动力过剩问题，从而缩小了城镇和农村的边际劳动生产率差距，达到缩小城乡居民收入差距的目的。

2. 基础设施与经济增长

改革开放以来，基础设施滞后问题是我国经济增长所面临的最为突出的"瓶颈"（唐建新，1998）。正因如此，加大基础设施投资一直是政府"稳增长"的重要手段。孙早等（2014；2015）将基础设施投资对经济增长的作用机理分解为两种渠道：一种是通过改善现有的基础设施质量来提高外部性溢出，从而间接促进经济增长；另一种是作为经济增长的第四生产要素来直接参与经济活动，发挥基础设施的投资带动功能，从而直接促进地区经济增长。娄洪（2004）构建了基础设施与经济增长的动态影响关系框架，所得结果认为基础设施发展对经济增长存在长期促进作用，而无论基础设施是作为经济增长的外生因素还是内生因素。值得注意的是，基础设施投资有可能与经济增长存在倒"U"形关系，其原因在于由政府主导的公共资本形成了对私人资本的挤出效应，从而导致市场资源配置扭曲，影响经济增长绩效（李强 等，2012）。

整体而言，基础设施投资是我国经济增长起步阶段的重要驱动力，但我国基础设施投资的不平衡性也导致了区域经济增长的差异化表现。张学良（2007）、魏下海（2010）认为基础设施投资与经济增长表现所共同呈现出的"东中西"梯度差距并非偶然挂钩，而是基础设施差异化投资所导致的必然结果。因而，促进区域平衡发展，需要补齐中、西部欠发达地区的基础设施短板。刘生龙、胡鞍钢（2010）基于区域经济增长差距的视角来分析基础设施在我国三大版块中的重要作用，认为现阶段中、西部基础设施投资贡献率要高于东部，因而实施西部大开发、中部崛起等区域发展战略有利于促进我国经济增长的整体趋同。

3. 基础设施与产业结构

产业结构是要素配置的中观体现，换言之，产业结构优化的微观机制即要素重置，基础设施作为要素重置的重要通道和载体，对产业结构优化起到重要作用（吴福象 等，2013）。蒋冠宏、蒋殿春（2012）认为产业结构具有基础设施依赖特征，一方面基础设施改善了要素在企业间配置的流动性，从而提高了企业生产配置效率；另一方面基础设施降低了企业的物流成本和库存成本，提高了企业综合运行效率。杨孟禹、张可云（2015）则重点分析基础设施对于产业结构升级的外部性影响，认为产业结构升级不仅要依靠本地区基础设施投资，也与周边地区基础设施发展质量紧密相关，基础设施建设有利于促进生产要素集聚，从而为产业集聚提供必要的物质积累。李慧玲、徐妍（2016）、周海波等（2017）把基础设施、产业结构与收入增长联系在一起，一致认为产业结构优化在基础设施发展与收入增长之间起到中介作用，也即，基础设施发展促进产业结构优化，进而对地区居民收入增长产生正向影响，但不支持收入增长通过产业结构优化对基础设施发展产生同样的反馈效应。

4. 基础设施与人力资本

人力资本衡量了劳动要素的经济价值，反映了劳动者受教育水平、熟练工程度、社会网络关系、健康状况等一系列隐性价值（杨建芳 等，2006）。基础设施为人力资本累积发挥了类似"公共物业"的功能。对于生产性基础设施而言，道路、能源、信息等基础设施发展加速了空间上的知识溢出和信息传递，提供了更多就业机会，从而为人力资本累积提供了必要的物质基础；对于社会性基础设施而言，教育、卫生等基础设施为劳动者提供了必要的受教育和医疗机会，加强了其人力资本的内生增长动力（何家军，2014）。人力资本在基础设施增收机制上具有调节效应，较高水平的人力资本能够提升基础设施的增收效应，而较低水平的人力资本则不能充分发挥出基础设施的增收效应，这反映出基础设施可及性具有人力资本门槛效应，因而基础设施扶贫思路应当从公共投资和公共服务两方面共同发力（刘晓昀 等，2003；李媛 等，2017）。

从上述文献梳理来看，基础设施增收机制既可以通过提高劳动边际生产率而产生内因驱动，也可以通过改善市场环境而产生工资溢价；既表现出基础设施对收入增长的直接促进，又存在经济增长的中介效应以及产业结构、人力资本的调节效应。研究基础设增收效应机制，需要立足于多维视角，从不同基础设施类型及其影响路径上通盘考虑，从而构建科学合理的基础设施增收效应分析框架。

2.2.2　基础设施增收效应的实践经验

2.2.2.1　国外相关研究综述

正如前文所述，基础设施是居民增收的物质基础，广大发展中国家或地区通过基础设施投资来改善居民收入的实践经验不胜枚举。本节将从生产性基础设施和社会性基础设施的增收效果来归纳国外相关研究，其中，生产性基础设施细分为交通、能源、信息基础设施，社会性基础设施细分为教育和卫生基础设施。

1. 生产性基础设施与收入增长

在交通基础设施方面，Latif（2002）、Datta（2012）、Charlery 等（2016）分别以孟加拉国、印度、尼泊尔的公路改造工程为状态临界点，对比分析各国公路改造工程前后的居民收入变化。其中，孟加拉国公路改造工程明显提高了居民收入水平，缓解了当地的贫困状态；印度的"黄金四边形工程（golden quadrilateral program）"改变了厂商的选址决策，使其更倾向于沿高速公路周边的城市集聚，并提高了当地居民收入；尼泊尔的农村公路计划也使得农村家庭年均收入提高了28%。Yoshino 等（2017）研究了乌兹别克斯坦铁路投资对经济增长的贡献率，结果显示铁路投资使得乌兹别克斯坦国内生产总值提高了2.6个百分点。在能源基础设施方面，Oseni（2012）研究了尼日利亚居民能源消费模式对收入增长的影响，由于能源基础设施缺乏，尼日利亚有超过40%的家庭依赖传统能源（如木柴、煤油等），而当地的居民收入水平也仅仅能够维持生计。Ray 等（2016）对比分析了印度的两个能源基础设施水平不同的村庄，研究发现能源基础设施改善能够提升 16%～18% 的人类发展指数。Lenz 等（2017）对比分析了能源基础设施（主要是电力）改造前后的卢旺达地区人类发展指数，总体发现提高能源基础设施水平有利于提高居民的收入、健康和教育等水平，从而证明联合国 SE4All（sustainable energy for all，人人享有可持续能源）倡议在发展中地区具有重要实践价值。在信息基础设施方面，Bankole 等（2015）以 28 个非洲国家信息基础设施为样本，研究得出信息基础设施显著拓展了非洲贸易市场，创造了更多的就业机会，提高了居民收入水平。因此，推进非洲信息基础设施投资，是未来非洲国家减贫增收的重要且有效的途径。Alizadeh 等（2016）对比分析了澳大利亚和美国的信息基础设施的增收效应，认为提高信息基础设施水平有利于缩小居民收入差距，但关键在于政府需要积极参与信息基础设施建设，并降低信息基础设施的付费门槛。

2. 社会性基础设施与收入增长

在教育基础设施方面，Sharma（2011）考察了印度城邦的教育公共支出对人均收入的影响，结果发现教育基础设施指数与城邦居民收入呈正比，增加教育公共支出有利于降低印度城邦的总体贫困水平。Cuesta 等（2016）呼吁拉丁美洲国家重视教育基础设施投入的长期回报，持续改善教育基础设施水平，升级现有学校基础设施功能，建设新学校、图书馆、实验室等。在卫生基础设施方面，Ogun（2010）研究了尼日利亚卫生基础设施的减贫效应，研究不仅证实了减贫效应的存在，还发现在长期中卫生基础设施的减贫效果超过了生产性基础设施。Kara 等（2016）对 2004—2008 年土耳其卫生基础设施发展与收入增长之间的关系进行了研究，认为卫生基础设施通过增加人力资本来提升居民收入水平，并且同样得出卫生基础设施增收效果要优于生产性基础设施。

通览上述国外相关文献可知，基础设施发展对于收入增长有极其重要的促进作用。当前，发展中国家的贫困问题在于其正在面临着巨大的基础设施赤字，这极大地限制了居民收入增长手段。弥合全球贫富国家之间的基础设施差距，将是全球经济增长重要的回旋之地。

2.2.2.2 国内相关研究综述

关于我国基础设施增收效应的研究可谓是卷帙浩繁，这一方面是由于基础设施对于我国减贫增收具有重要的实践意义，另一方面也是由于我国不断加持基础设施投资政策，比如西部大开发、中部崛起、长江经济带、"一带一路"倡议等规划，均把基础设施投资作为区域协同发展的重要突破口。有别于梳理国外文献的范式，本节按基础设施增收的影响效应来归纳国内相关文献，也即基础设施增收的直接效应和间接效应。

1. 基础设施增收的直接效应

基础设施增收的直接效应反映了基础设施投资对居民收入的带动作用。郭劲光、高静美（2009）对我国基础设施建设与收入增长进行了线性拟合，结果显示基础设施投资每增加 1 个单位，中国农村贫困发生率的增长速度下降 7%，农村居民纯收入平均提高 102 元。毛圆圆、李白（2010）则认为我国基础设施增收的直接带动效应处于 2%~9%。刘生龙、周绍杰（2010）基于中国健康与营养调查（China health and nutrition survey，CHNS）的微观数据分析了道路、通信和自来水基础设施对农村居民收入的影响，研究结果支持了"想致富、先修路"这一经验总结，康继军等（2014）基于 1998—2012 年省级宏观数据也得出相同结论。陈银娥等（2012）基于 1999—2008 年省级面板数据来检验交通、能源、信息以及社会性基础设施投资对农民收入的影响，结果显示出生产性基础设施投入具有投资带动效应，但社会性基础设施投入未表现出正向影响，从而引申出各类基础设施投资孰轻孰重、孰先孰后的问题。汪飚（2012）研究了 284 个地级市公共财政在生产性基础设施和社会性基础设施投资中的分配，结果认为各个城市的政府公共支出更加倾向于增加生产性基础设施支出比重。但单从社会性基础设施增收效应方面考虑，王春超等（2014）、程名望等（2014）均通过微观调查数据得证教育、卫生基础设施投资对居民收入增长具有积极带动作用。

2. 基础设施增收的间接效应

基础设施增收的间接效应体现为时间溢出和空间溢出两方面。在时间溢出方面，李婵娟（2012）、李妍等（2015）将生产性基础设施和社会性基础设施合并起来，用以考察基础设施投资对经济增长的长期影响。他们研究发现，基础设施投资具有长期溢出效应，但与直接投资效应相比，基础设施的时间溢出效应则不太明显。张光南等（2010）考察了基础设施投资对就业扩大的长期溢出作用，可以发现，基础设施发展的就业效应在短期与长期内均存在，但基础设施投资短期内对劳动力的需求较大，而长期内的就业效应较低，这就导致了基础设施增收的长期效应不明显。从生产性基础设施和社会性基础设施的长期效应比较来看，夏业良和程磊（2011）认为社会性基础设施的增收效果在长期里要大于生产性基础设施。

在空间溢出方面，骆永民和樊丽明（2012）基于1999—2009年我国省级面板数据，考察了本省农村基础设施对邻省农民纯收入的空间溢出效应，结果显示出交通、能源、教育、卫生等基础设施均存在正向空间溢出。张学良（2012）实证检验了我国交通基础设施的空间溢出效应，结论显示交通基础设施的空间溢出效应十分显著，我国基础设施增收效应呈现由点及面的网络特征。张光南等（2014）分析了生产性基础设施对降低制造业成本的空间溢出效应，丁黄艳（2016）则分析了生产性基础设施发展对经济增长的空间溢出效应。前者的实证结果表明各类生产性基础设施均有降成本的空间溢出，后者的实证结果认为交通、能源等具有线状特征的基础设施具有空间溢出效应，但信息类具有点状特征的基础设施具有空间竞争效应。

基础设施增收的直接效应与间接效应根植于基础设施的第四要素属性和外部性。现有研究基于基础设施增收路径的视角不断验证了直接和间接效应的实践效果，并挖掘其背后的经济成因。整体而言，我国生产性和社会性基础设施增收的直接效应是显而易见的。随着计量方法的创新，对基础设施间接增收效应的定量分析也正蓬勃兴起。因此，从多维视角和多元路径来全面分析基础设施的增收效应，对于我国基础设施发展的统筹规划和次序推进有着重要现实意义。

2.2.3 基础设施增收效应的库区研究

三峡库区经济社会发展水平落后是自然因素、历史因素长期综合而成的现象，不可能仅靠三峡工程投资而迅速实现全国范围内的经济赶超。促进居民增收、改善投资环境、优化产业结构、增强内生动力，离不开政府对库区基础设施发展的大力支持（陈国阶，2003）。基础设施薄弱是库区居民收入增长的主要瓶颈，公路等级低、农村断头路、电网设施滞后、基础教育水平低、医疗卫生条件低、人才规模小等薄弱的基础条件导致居民收入增长的外生和内生动力均不足（王一鸣，2004）。蒋建东和宋红波（2015）的研究数据显示，2013年年底库区迁建区县的人均道路面积为7.1平方米，还达不到国家平均水平的一半，学生人均校舍面积为4.3平方米，每千人拥有卫生机构床位数为3.4张，也均低于全国平均水平；而在另一面，三峡库区人口城镇化率从1992年的10.68%提升至2013年的52.2%，年均增速为2.3%，比全国城镇化率平均增速水平高出近一倍（全国为1.2%），人口城镇化的跃升使得库基础设施和公共服务短缺问题日益明显。基础设施薄弱导致库区居民人均社会资本存量偏低，居民收入的稳态水平不高，突破库区贫困化路径锁定的关键在于政策加持库区基础设施投资（周科 等，2011）。

从库区基础设施水平的空间格局上看，三峡库区基础设施水平自东往西呈现先升高后降低的空间形态，重庆主城及周边区县的基础设施和居民收入水平较高，而巫山、巫溪、奉节、云阳、石柱等广大库腹区县明显落后（于慧 等，2013；胡江霞 等，2015）。李炯光（2005）认为，库区发展的关键在于库腹，真正的困难也是在库腹，库腹基础设施存量不足导致三峡库区投资环境较差、产业空心化，政府应当加强库区基础设施建设和产业扶持，特别是要重视培育库腹地带的经济增长支点。

在实证研究方面，丁黄艳、廖元和（2016）基于2000—2014年三峡库区区县级面板数据，分析了生产性基础设施效率及其时空溢出特征，结论认为库区基础设施效率整体改善且表现为动态促进和空间溢出，但库腹地区可能陷入低水平均衡状态。也即，公共财政无力在库腹地带支撑大规模、长期性且回报率低的基础设施投资项目，私人部门趋利性本质导致其无意在基础设施配套水平低且预期无改善的劣势地区开展业务。熊兴等（2016）对三峡库区重庆段15个区县基础设施与基本公共服务水平进行了综合评价，认为受地区经济发展水平影响，基础设施建设的地区差异较大。周超、黄志亮（2017）针对库区385个小城镇公共基础设施进行整体评价，结果显示当前三峡库区小城镇的公共基础设施水平大多较低，制约了小城镇居民福利水平的进一步提升，从而提出"固本强基"的发展思路。

从三峡库区基础设施增收效应的文献梳理来看，基础设施发展是居民收入增长的基础条件，占据着政策先导、投资先行的重要地位。促进库区收入增长，一方面要加大对生产性基础设施的投资，另一方面要促进城乡公共服务均等化（张志勇，2015）。当前，专门针对三峡库区基础设施增收的系统性研究比较少见，特别是比较缺乏实证分析类研究。因此，在三峡后续工作规划、对口支援三峡库区等一系列的政策加持下，开展三峡库区基础设施增收效应研究具有现实意义和决策参考作用。

2.2.4　研究评述

纵观上述研究，基础设施发展对于收入增长至少是必要条件。在基础设施增收效应的理论关系上：一是基础设施的内涵经历了从模糊的公共支出概念发展到清晰的基础设施分类概念的过程；二是基础设施的增收机制从基础设施与收入增长的对应关系发展为考虑经济增长、产业结构、人力资本等多方中介和调节关系的过程；三是基础设施的增收效应从直接带动的要素投资论发展为包括外部性的溢出效应论。相关梳理结果如图 2.3 所示。基础设施增收效应的实践经验成果颇丰，由于联合国千年发展目标旨在消除贫困，因此近年的文献研究大多数集中于发展中国家（如南非、印度、孟加拉、尼日利亚、卢旺达等）的基础设施增收效应。量化基础设施发展对收入增长的具体贡献，一方面有助于争取更多的国际和国内基础设施建设资源，另一方面也有助于将有限的基础设施建设资源在多种基础设施上进行差别化配置，从而以提升效率为目标有次序地进行投资。已有文献虽然构建了较为系统的基础设施增收效应的逻辑思路，但从全视阈的角度来系统性分析的却并不多见。大多数文献资料或是基于某一个基础设施，或是通过某一种影响机制，或是侧重某一类影响效应，缺乏全视阈研究基础设施增收的经验研究。

针对三峡库区基础设施的增收效应，已有文献大多从理论关系出发，进而说明三峡库区基础设施发展对于收入增长的必要性，较少有文献资料从实证角度去量化分析三峡库区基础设施的增收效应，这使得政府大力支持下的三峡库区基础设施投资策略缺乏实际根据。相比已有文献，本书研究三峡库区基础设施的增收效应，可能有如下两方面的改进：第一，基于基础设施增收效应的理论关系，从全视阈角度构建三峡库区基础设施发展与收入增长的逻辑分析体系；第二，立足三峡库区发展实情，从实证角度量化基础设施的增收效应。

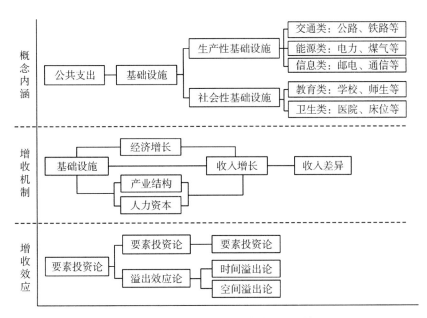

图 2.3 基础设施增收效应的理论延伸

第3章 基础设施增收效应的理论框架

已有文献表明，无论是一国还是一地，乃至具体到一个微观理性人，基础设施水平提升对其收入增长均起到决定性作用。三峡库区是全国少有的集中连片特困地区，库区 19 个区县有 11 个国家级扶贫工作重点县。近年来，库区居民收入增长与基础设施改善有着密切关联，加大基础设施投资一直是促进库区重建恢复和经济增长的重要政策举措。根据《重庆统计年鉴—2016》的数据资料，三峡库区后扶资金中的 63.08% 用于库区经济社会发展方面，而在库区固定资产投资项目中，基础设施投资比例高达 31.40%。当前，三峡库区基础设施投资高潮方兴未艾，居民收入增长空间仍然较大，妥善利用基础设施资源来促进居民收入增长，需要系统性地构建基础设施发展与居民收入增长的理论框架，而这正是当前研究三峡库区基础设施发展与居民收入增长的文献资料所缺乏的。

有鉴于此，本章遵循形式逻辑和数理推导相结合的方式，将三峡库区基础设施增收的理论框架构建分为影响机制和理论模型两部分。其中，影响机制以基础设施为起点、以居民收入为终点，考察基础设施投资促进居民收入增长的作用过程；理论模型基于不变要素替代弹性生产函数，分别建立城镇-农村两部门、家庭-企业两部门、南方-北方两部门等经济系统，推导基础设施发展对居民收入增长的影响效应。

3.1 基础设施增收效应的影响机制

基础设施的构成要素是"交通运输、动力供应、邮电通信和教育、卫生设施等，它们直接或间接地提高产出水平和生产效率"（Greenwald，1982）。

作为政府公共支出的重要组成部分，基础设施一方面体现出政府提供公共设施和服务的必要职能，另一方面是政府干预经济和提振经济的宏观调节工具。对于欠发达国家和地区而言，基础设施赤字是导致居民贫困和发展滞后的主要因由，弥补基础设施欠账攸关居民实际收入提升和社会福利改善。由于基础设施既是投资品也具有准公共物品属性，因而基础设施增收的影响机制具有多元化特征。在已有研究的基础上，本节以基础设施投资为出发点，以居民收入增长为落脚点，通过时间、空间、动力等多维响应路径来解剖基础设施发展与居民收入增长之间的关联影响机制。

3.1.1 基础设施增收的投资影响机制

基础设施投资具有资本密集和劳动密集的双重特征，能够短期内迅速地在基础设施投资所在地形成资本高地和就业蓄水池，例如水坝、公路、机场、输变电站、通信基站、学校、医院等基建工程。在产业方面，基础设施投资引致工业品市场需求旺盛，不仅刺激本土企业产能扩张，而且吸引本土以外企业进驻并展开生产活动，这有利于欠发达地区形成产业集聚和孵化产业集群雏形；在就业方面，基础设施建设本身就需要大量的劳动力，此外基础设施投资刺激下的企业产能扩张也新增了劳动力需求，这扩增了本地就业蓄水池。就业蓄水池的扩增在吸纳本土剩余劳动力的同时，也会吸引外来劳动力，从而在欠发达地区达成劳动力集聚效果。

劳动力和产业集聚推动了欠发达地区城镇化进程。根据刘易斯二元经济结构模型的设定条件，城镇部门的劳动力边际产出水平要高于农村部门，换言之，城镇居民收入水平要高于农村居民（Lewis，1954）。伴随着城镇化的推进，欠发达地区农村人口涌入城镇就业，在理性预期下可以获得比在农村更高的收入水平。相应地，继续留在农村从事农业生产活动的居民获得了更大的人均土地规模，从而提高了农村居民纯收入。因此，基础设施增收的投资效应机制可表述为：基础设施投资增加→就业蓄水池扩增、资本高地形成→劳动力和产业集聚→城镇化推进→居民收入增长。

三峡库区居民收入贫困化与基础设施投资不足有着直接关联。有史料记载，1953 年，当时的长江水利委员会上游局党组在向西南局财委提交的三峡水库建设构想中提到，三峡大坝将来的蓄水高度可能为 190 米，建议库区沿江各个区县不要在 190 米以下水位线安排重要基建工程和布局产业（徐建国，2010）。虽然三峡大坝最终确定为 175 米蓄水高度，但是，三峡工程 40 多年论证期的不确定性风险，直接导致三峡库区基础设施投资严重减少。以当时的万县（现为万州区）为例，1950 年至 1992 年，万县基础设施投资中来自中央及其所属部门的财政拨款仅有 6 亿多元，交通、能源、信息、教育、卫生等各项基础设施建设全面停滞，库区腹心地带不通铁路和高速公路（崔利 等，2009）。

长期落后的基础设施使得库区产业发展严重受限，人才外流现象比较突出，库区城镇化进程缓慢，居民收入增长缺乏外部刺激和内生动力。2009 年三峡大坝建成后，国家对库区基础设施建设倾注了大量资源，在 2014 年仅后扶资金投资额一项就达到 46 亿元（重庆库区），其中对万州区的后扶资金投入接近 10 亿元。基础设施投资显著促进了产业结构升级，2015 年库区第二产业比重升至 52.69%。人口回流速度也在加快，2000—2010 年这十年间常住人口增加 26 万人，但 2011—2015 年这五年间常住人口就增加了 29 万人。相应地，2000—2015 年库区城镇化率年均提高近两个百分点，居民总体收入水平的年均增速高达 11.5%。可以说，上述基础设施增收的投资影响机制较好地解释了库区基础设施与居民收入之间的作用路径。

3.1.2 基础设施增收的空间影响机制

基础设施的线状特征决定其空间不可分割，空间范围上的外部性溢出促使生产要素"用脚投票"，这使得基础设施增收的空间影响机制表现为互联互通和要素流动（张军 等，2007）。在互联互通上，由于基础设施属于耐耗消费品并且提供标准化服务，增强基础设施可及性能够释放基础设施的规模经济效益。不同地区基础设施建设遵循前期共商、中期共建、后期共享的发展思路，从中减少基础设施重复建设和资源浪费现象，提高基础设施利用率。在要素流动上，基础设施互联互通能够加速市场信息的传递速度，降低要素流动的中间成本。在市场逐利本质下，要素总是趋于流向边际收益更高的地区，基础设施进一步地为要素空间自由流动提供更为平顺的通道。

基础设施互联互通将空间分割的市场整合在一起，缓解边界阻隔所导致的"诸侯经济"现象，促进了区域间贸易往来和产业专业化分工，有利于盘活区域间市场竞争格局，形成"1 + 1 > 2"的规模经济溢出效应（刘生龙 等，2011）。基础设施互联互通加速了要素市场需求信息的空间传递，驱使资本、劳动力等生产要素往边际规模报酬更高的地区流动，从而优化了要素的空间配置。在短期要素不变替代弹性下，规模经济溢出使得各地区要素产出水平获得额外提高；在长期要素可变替代弹性下，区域间要素边际报酬率之差驱动要素空间重组，以求达致要素市场供求均衡状态。

规模经济溢出与要素报酬提高反映出基础设施对经济运行效率的帕累托改进作用。效率改进的结果是既定的劳动力水平一方面可以获得更高的产出水平，另一方面则通过改变要素替代弹性来获得更高的边际回报率，而这两方面均有利于居民收入增长。因此，基础设施增收的空间影响机制可表述为：基础设施投资→基础设施存量增长→空间互联互通改善、要素流动性改善→规模经济溢出、要素报酬提高→经济运行效率得以改善→居民收入增长。

长期以来，三峡库区居民收入增长的一个重要阻碍便是基础设施区域可及性低所造成的市场分割和经济闭塞，这导致外部资金人才进不来，本地特色产品运不出（廖元和，2006）。因此，在三峡库区基础设施建设关键期，要更加注重打造库区内通外联的综合立体基础设施体系。近年，库区基础设施互联互通取得了许多重要成果，例如沪渝高速、银百高速分别打通库区东西向和南北向的公路通道，渝利高铁、渝万高铁、渝怀铁路、达万铁路等建成通车加深了库腹地区与外界的经济联系，已经投运的万州机场和正在建设的巫山机场拓宽了库区外向辐射范围，万州港、涪陵港等成为长江黄金水道上的重要物资集散地，凡此种种，不一而足。基础设施建设促进了库区市场整合和产业专业化分工体系，形成了渝北-巴南-江津的现代装备制造业板块、长寿-涪陵的重化工业板块、万州-开州-云阳的盐气化工板块、武隆-石柱的生态旅游业板块、奉节-巫山-巫溪的旅游业和特色农产品加工业板块等（梁云 等，2005）。同时，基础设施促使库区劳动力市场供求结构矛盾得到有效缓解，库区大量剩余劳动力向东南沿海城市外出务工，同时引进高素质人才服务于库区特色农业、高新技术产业、现代服务业等新兴产业。

3.1.3 基础设施增收的长期影响机制

基础设施发展是现代社会经济增长的先决条件，具有先行投资和长期受益的特征。赫希曼在不平衡发展理论中将基础设施和私人资本区分为社会分摊成本和直接生产活动。政府公共支出的目标在于引致需求最大化，在物质资本积累不足的情况下，开展基础设施建设能够提高私人资本累积水平，并降低企业直接生产活动中的社会成本（例如物流成本、信息成本等），提高交易效率。索洛在新古典增长模型中提出有效劳动力概念，具有不同技术水平 A 的标准劳动力 L 可提供的有效劳动力数量 AL 是不同的；阿罗认为凝结在劳动者身上的技术水平具有动态累积 $A(t)L$ 特征，并提出享誉经济学领域的"干中学"模型；巴罗在内生增长理论中认为基础设施发展促进了人力资本累积，政府增加在教育、卫生等公共事业上的支出有利于提高劳动力受教育水平和改善健康状态。

从赫希曼和索洛、阿罗、巴罗等人关于基础设施的分析中可以判断，基础设施的经济功能具有社会性和生产性。在社会性方面，基础设施发展降低了生产部门的社会费用，表现出具有外部溢出功能的社会资本特征；在生产性方面，基础设施发展提升了劳动力要素的人均技术水平，表现出具有内生增长功能的人力资本特征。

由于社会资本具有先行性，在先行投资阶段，私人资本累积不足使得社会资本存在闲置的可能性。随着私人资本累积增加，社会资本与私人资本的匹配程度会不断提高，闲置的基础设施会逐渐被充分利用起来。尔后，当基础设施不足以匹配私人资本需求时，基础设施则由纯公共物品转化为准公共物品，表现出一定程度上的拥塞效应。

对于人力资本而言，基础设施提供的公共服务能够提高劳动力技术水平和降低劳动力获取技术的中间成本，增加了凝结在单位劳动力身上的有效劳动数量。在"干中学"作用下，有效劳动数量能够自发地实现内生增长，从而不断提高单位劳动力的收入总水平。

从提高社会资本和人力资本角度上考察，均可得出基础设施发展对居民收入增长具有长期影响的结论，二者之间的长期影响机制可表述为：基础设施投资→基础设施存量增长→社会资本增加、人力资本提高→私人资本与社会资本匹配度提高、单位劳动力可提供的有效劳动量增加→经济系统实现内生驱动→居民收入增长。

三峡库区基础设施的长期滞后导致居民收入增长缺乏内生动力。如前文所述，在三峡工程论证期（1953—1992 年）和建设期（1992—2009 年）的长达半个多世纪里，库区基础设施投资大幅减少，一些区县的基础设施投资甚至不足以弥补其折旧速度。在预期基础设施不能匹配物质资本投资的情况下，库区企业不再安排产能扩张计划，来自库区外的企业家投资则更为鲜见。整个库区固定资产净值增长缓慢，许多企业就此逐渐丧失市场竞争力，从而退出库区和消亡，库区产业空心化日趋严重。在人力资本发展上，由于库区教育、卫生等基础设施供给严重不足，劳动力素质比较低下、岗位职业意识比较缺乏、技能性熟练工规模较小。根据冉光和和王定祥（2003）的统计数据，2000 年库区中的淹没区文盲率为 7.4%，影响区文盲率为 9%；科技人员与常住人口比例仅为 1.72%，单位劳动力的人均技术水平严重落后。

产业空心化和人力资本滞后是库区发展内生动力疲乏的主要原因，而归根结底，是由于基础设施凋敝破败。为增强库区发展的内生动力，国家拨付库区后扶专项资金 1238 亿元，为库区基础设施先行投资提供了物质保障；各省市对口支援库区基础设施建设，例如河南省援助 1547 万元用于巴南区科教文卫设施建设、广东省援建巫山县 42 所学校和 42 间乡镇医院、福建省援建万州区 29 所希望小学，等等。

本章以经济理论为基础，以实践经验为支撑，构建了基础设施增收的投资、空间以及长期影响机制，如图 3.1 所示，为三峡库区基础设施发展与居民收入增长关系提供了可资借鉴的理论分析框架。

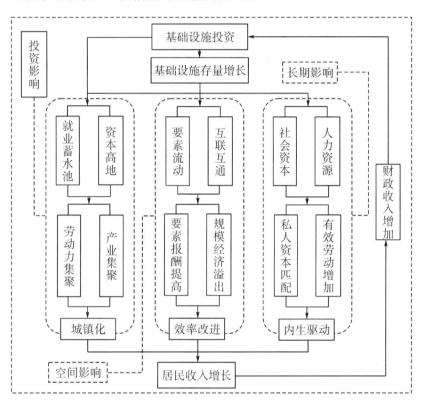

图 3.1 基础设施增收效应的影响机制

3.2 基础设施增收效应的理论模型

基础设施增收效应的数理推导过程能够从复杂的增收影响机制中抽象出理论规律。基于前述基础设施增收效应的分类，本章建立了投资效应模型、长期效应模型和空间效应模型，从城镇-农村两部门、家庭-企业两部门、南方-北方两部门等经济系统考察基础设施增收效应的直接和间接影响,形成相关推论并用以解释三峡库区基础设施与居民收入的关联表现。

3.2.1 基础设施增收的投资效应模型

基础设施增收的投资效应与劳动力稀缺性相关:基础设施投资能够带动产业部门的产能扩张,使得要素市场上劳动力需求增大。在劳动力供给有限的情况下,产业部门对劳动力需求增大会引起企业用工成本升高,也即劳动力工资上升,从而提高居民收入水平。

3.2.1.1 基础设施投资与居民收入增长模型

基于不变要素替代弹性(constant elasticity of substitution, CES),构建包含一个标准希克斯中性技术进步的 CES 生产函数模型

$$Y = A \left(\alpha K^\rho + (1 - \alpha) L^\rho \right)^{\lambda/\rho} \tag{3.1}$$

式中:

Y、K、L 分别表示产出、物质资本、劳动力;

A 表示标准的希克斯中性技术进步参数($A > 0$);

α 表示物质资本产出弹性($0 < \alpha < 1$);

ρ 表示要素替代弹性($\rho \leq 1$),其中资本-劳动替代弹性 $= 1/(1-\rho)$;

λ 表示规模报酬状态($\lambda > 0$)。

显然,在式(3.1)中投入要素为物质资本和劳动力。徐旭川和杨丽琳(2006)认为物质资本存量包含了政府公共投资,因而将公共资本从物质资本中分离出来,可以建构一个包含公共资本、私人资本和劳动力的三要素模型。对于三峡库区而言,基础设施投资正是一个由政府主导、财政资金扶持的发展模式。为简化模型,本书将政府公共支出统一归入基础设施投资,且假设政府公共投资的边际成本为零,即不考虑政府公共支出增加对居民的税负影响。那么带有基础设施投资的 CES 生产函数模型可表示为

$$Y = A \left(\alpha K_p^\rho + \beta I^\rho + (1 - \alpha - \beta)(\varphi L)^\rho \right)^{\lambda/\rho} \tag{3.2}$$

式中:

I 表示基础设施(infrastructure);

K_p 表示不含公共资本的私人资本;

β 表示基础设施产出弹性($0 < \beta$, $0 < \alpha$, $0 < 1-\alpha-\beta$);

φ 表示人均人力资本;

φL 表示有效人力资本总量。

令式(3.2)满足稻田条件,且生产规模报酬不变($\lambda = 1$),则劳动力边

际产出可表示为

$$\frac{\partial Y}{\partial L} = \rho^{-1}A(\alpha K_p^\rho + \beta I^\rho + (1-\alpha-\beta)(\varphi L)^\rho)^{1/\rho-1} \cdot \rho(1-\alpha-\beta)(\varphi L)^{\rho-1} \cdot \varphi$$

$$= A(\alpha K_p^\rho + \beta I^\rho + (1-\alpha-\beta)(\varphi L)^\rho)^{(1-\rho)/\rho}(1-\alpha-\beta)\varphi^\rho L^{\rho-1}$$

$$= w \tag{3.3}$$

式（3.3）中，w 表示劳动力工资，也即居民收入。

进一步地，考虑基础设施与劳动力工资的影响关系：

$$\partial w/\partial I = (1-\rho)/\rho \cdot A(\alpha K_p^\rho + \beta I^\rho + (1-\alpha-\beta)(\varphi L)^\rho)^{(1-\rho)/\rho-1} \cdot$$

$$(1-\alpha-\beta)\varphi^\rho L^{\rho-1} \cdot \rho \beta I^{\rho-1}$$

$$= A(\alpha K_p^\rho + \beta I^\rho + (1-\alpha-\beta)(\varphi L)^\rho)^{1/\rho-2} \cdot$$

$$\beta(1-\rho)(1-\alpha-\beta)\varphi^\rho(IL)^{\rho-1} \tag{3.4}$$

在 CES 生产函数模型的参数设定前提下，可得：$\partial w/\partial I \geqslant 0$。

推论 1：基础设施发展能够促进居民收入增长。

3.2.1.2 基础设施与城镇-农村两部门模型

前述已知，基础设施发展对居民收入存在正向影响，其对城乡不同群体的居民收入影响，则需要进一步分析。事实上，三峡库区居民城乡居民收入差距和基础设施差距都是客观存在的，但城乡基础设施与居民收入之间的理论关联比较模糊。因此，理顺基础设施发展和城乡居民收入差距之间的逻辑关系，有助于三峡库区统筹城乡发展。

根据式（3.2）包含基础设施的 CES 生产函数模型，令其规模报酬不变（$\lambda=1$），分别对 L、I 求偏导，从而得到劳动力和基础设施的边际产出函数：

$$\partial Y/\partial L = A \frac{1}{\rho}\Gamma^{\frac{1}{\rho}-1}\rho(1-\alpha-\beta)(\varphi L)^{\rho-1}\varphi \tag{3.5}$$

式（3.5）中，$\Gamma = \alpha K_p^\rho + \beta I^\rho + (1-\alpha-\beta)(\varphi L)^\rho$。进一步将式（3.5）变换为产出对劳动力的边际弹性：

$$\frac{\partial Y}{\partial L}\frac{L}{Y} = MP_L \cdot \frac{L}{Y} = A^\rho(L/Y)^\rho(1-\alpha-\beta)\varphi^\rho \tag{3.6}$$

同理，基础设施的边际产出函数和产出对基础设施的边际弹性函数可解为

$$\partial Y/\partial I = A \frac{1}{\rho}\Gamma^{\frac{1}{\rho}-1}\rho\beta I^{\rho-1} \tag{3.7}$$

$$\frac{\partial Y}{\partial I}\frac{I}{Y} = MP_I \cdot \frac{I}{Y} = A^\rho(I/Y)^\rho\beta \tag{3.8}$$

令 $MP_L = w$，$MP_I = t$，将式（3.6）除以式（3.8），可得

$$\mathrm{MP}_L/\mathrm{MP}_I = w/t = \frac{(1-\alpha-\beta)\varphi^\rho}{\beta}i^{1-\rho} \qquad (3.9)$$

其中 $i = I/L$，表示人均基础设施存量。当劳动力工资 w 和基础设施价格 t 给定，α、β、ρ、φ 已知，那么边际产出最大化状态下的基础设施和劳动力配比为

$$i = I/L = \left(\frac{\beta w}{(1-\alpha-\beta)\varphi^\rho t}\right)^{\frac{1}{1-\rho}} \qquad (3.10)$$

假设经济系统中存在城镇和农村两部门，且城乡部门生产函数与总生产函数一致，资本、劳动、基础设施等要素短期内具有不变弹性。根据式（3.9），城镇和农村劳动力工资可分别表示为

$$w_U = \frac{(1-\alpha-\beta)\varphi^\rho t_U}{\beta}i_U^{1-\rho} \qquad (3.11)$$

$$w_R = \frac{(1-\alpha-\beta)\varphi^\rho t_R}{\beta}i_R^{1-\rho} \qquad (3.12)$$

令城乡部门生产函数的参数 α、β、ρ、φ 相同，将式（3.11）除以式（3.12），即可得到城乡劳动力工资的绝对差和相对差：

$$\Delta'_{UR} = w_U - w_R = \frac{(1-\alpha-\beta)\varphi^\rho}{\beta}(t_U i_U^{1-\rho} - t_R i_R^{1-\rho}) \qquad (3.13)$$

$$\Delta''_{UR} = w_U/w_R = \frac{t_U}{t_R}\left(\frac{i_U}{i_R}\right)^{1-\rho} \qquad (3.14)$$

推论 2：城乡基础设施边际产出差距和城乡居民人均基础设施资本累积差距导致城乡居民收入差距。

从式（3.13）、式（3.14）中可以看出，当城镇基础设施边际产出与农村基础设施边际产出的差距扩大时，城乡居民收入差距会相应地扩大；当城镇居民人均基础设施资本累积与农村居民人均基础设施资本累积的差距扩大时，同样地，城乡居民收入差距会相应地扩大。

推论 2 对三峡库区乃至我国城乡居民收入差距的形成原因和改善途径具有现实意义。长期以来，政府基础设施投资主要偏向于城镇地区，对农村地区基础设施支援力度有限，造成城镇空间膨胀和"三农"问题严峻的城乡二元结构矛盾，并且户籍制度限制住农村剩余人口向城镇部门转移，使得农村居民人均基础设施资本累积远低于城镇居民人均基础设施资本累积（曾广录 等，2014）。

基于城乡居民收入差距不断扩大，2016 年中央一号文件《关于落实发展新理念加快农业现代化实现全面小康目标的若干意见》指出，"把国家财政支持的基础设施建设重点放在农村，建好、管好、护好、运营好农村基础设施，实现城乡差距显著缩小"；《中共中央 国务院关于打赢脱贫攻坚战的决定》提

出坚持"加强贫困地区基础设施建设，加快破除发展瓶颈制约"；《"十三五"脱贫攻坚规划》提出"以革命老区、民族地区、边疆地区、集中连片特困地区为重点，整体规划，统筹推进，持续加大对集中连片特困地区的扶贫投入力度，切实加强交通、水利、能源等重大基础设施建设，加快解决贫困村通路、通水、通电、通网络等问题，贫困地区区域发展环境明显改善，'造血'能力显著提升，基本公共服务主要领域指标接近全国平均水平"。由此可见，加快农村基础设施建设，增强农村居民人均基础设施资本累积成为缩小城乡居民收入差距的重要手段。

3.2.2 基础设施增收的长期效应模型——基于家庭-企业两部门

在基础设施增收的长期效应分析中，本书基于拉姆塞无限期模型（Ramsey，1928）分析框架，构造了家庭-企业两部门经济系统。假定经济系统满足以下条件：①经济系统为两部门封闭经济体——家庭和企业，其中家庭提供资本和劳动要素，并以效用最大化来决定家庭消费路径；企业负责组织生产活动，利用基础设施获得永久性的收入加成。②基础设施为外生因素，例如天然形成的道路、河流等，也可以是来自本地区以外的政府拨款和捐助；基础设施具有准公共物品属性，即基础设施具有排他性和部分竞争性，基础设施供给较少时，会产生拥塞效应。③经济系统具有无限期特征，在长期实践中，家庭和企业总能够做出理性决策，使总供给和总需求达到动态均衡，从而实现市场出清。

3.2.2.1 家庭部门

根据拉姆塞无限期模型，家庭部门的长期理性决策是实现消费最大化。因此家庭部门的目标函数可表示为

$$\max U = \int_0^\infty e^{-(\rho-n)t}(c^{1-\theta}-1)/(1-\theta)\,dt \qquad (3.15)$$

家庭部门的预算收入约束条件为 $\dot{a}=(r-n)a+w-c$，其中初始条件简化为 $a(0)=1$。

ρ 表示时间偏好率（$\rho>0$）；

n 表示人口增长率，假定 $\rho>n$，以保证效用函数 U 收敛；

θ 表示边际效用弹性；

a 表示人均资产；

r 表示资本利率；

w 表示劳动工资率；

c 表示人均消费。

在效用最大化的目标约束下求解式（3.15），可解得家庭部门的最优消费和人均资本累积路径，从而反映出家庭收入和福利水平。

3.2.2.2 企业部门

企业投入要素以资本（K）、劳动（L）和永久外生的基础设施（I）构成，令产业部门中每个企业都满足同质化的柯布－道格拉斯生产函数（Cobb-Douglas production function），那么企业生产函数的具体形式可表述为

$$Y_i = AK_i^{\alpha}L_i^{1-\alpha}\,(I^{\beta})^{1-\alpha} \tag{3.16}$$

其中：

Y_i 表示企业 i 的总产出；

K_i 表示企业 i 的资本投入；

L_i 表示企业 i 的劳动力投入；

I 表示企业 i 的可利用基础设施；

β 表示基础设施的拥塞程度，以 $\beta = I/K$ 表示。

由于产业部门中所有企业均为同质化企业，因此每个企业拥有的相同人均资本：

$$K_i/L_i = k_i = k = K/L \tag{3.17}$$

结合式（3.16）、式（3.17），可得企业人均产出函数：

$$\begin{aligned}Y_i/L_i &= AK_i^{\alpha}L_i^{1-\alpha}\,(I^{\beta})^{1-\alpha}/L_i = A(K_i/L_i)^{\alpha}(I^{\beta})^{1-\alpha}\\ &= Ak_i^{\alpha}(I^{\beta})^{1-\alpha} = Ak^{\alpha}(I^{\beta})^{1-\alpha}\end{aligned} \tag{3.18}$$

在实际情况中，由于基础设施总是表现出一定的拥塞性，故而 β 取值范围为（0，1）。当 $\beta = 0$ 时，基础设施完全不提供生产服务；当 $\beta = 1$ 时，基础设施与私人资本完全互补；当 $\beta > 1$ 时，表明基础设施超过了私人资本存量，超过的基础设施将会被闲置（娄洪，2004）。

在给定劳动工资率（w）、资本利息率（r）、资本折旧率（δ）的条件下，企业利润最大化的目标函数可构建为

$$\max\,(AK_i^{\alpha}L_i^{1-\alpha}\,(I^{\beta})^{1-\alpha} - wL_i - (r + \delta)K_i) \tag{3.19}$$

结合式（3.18）、式（3.19）并根据利润最大化和零利润条件，市场均衡状态下的劳动力工资率可解得

$$w = f(k,\ I) - kf'(k,\ I) = A(1 - \alpha)k^{\alpha}\,(I^{\beta})^{1-\alpha} \tag{3.20}$$

$$\partial w/\partial k = A(1 - \alpha)(k^{\alpha})'\,(I^{\beta})^{1-\alpha} = A\alpha(1 - \alpha)k^{\alpha-1}\,(I^{\beta})^{1-\alpha} \tag{3.21}$$

式（3.20）、式（3.21）表明，劳动力工资水平不仅与基础设施正相关，而且工资水平的提升受到基础设施拥塞效应影响：

当 $\beta = 0$ 时，劳动力工资率仅取决于人均资本存量，基础设施不参与企业生产活动。

当 $0 < \beta < 1$ 时，基础设施为准公共物品，具有拥塞效应。当劳动力工资率的边际报酬随着人均资本递增而递减时，基础设施能够延缓劳动力工资率的递减速度。

当 $\beta = 1$ 时，基础设施供给充足，具有纯公共物品属性。由于 $I/K = 1$，则有 $I = K = L \cdot k$。于是式（3.20）可改写为

$$w = A(1 - \alpha) k^\alpha (Lk)^{1-\alpha} = A(1 - \alpha) L^{1-\alpha}$$

劳动力工资率不受人均资本存量的影响，基础设施永久性地给劳动力工资率一个类似技术进步效应的额外贡献，以抵消人均资本增降的影响。这时，劳动力工资率只与劳动力数量相关，并且增加劳动力供给即可提高工资水平。

3.2.2.3 居民消费增长路径

在长期中，家庭、企业均面对既定的利息率和工资率，市场总供给与总需求趋于平衡，资本存量完全归于居民所有，人均资产等于人均资本，即 $a = k$。结合式（3.19）、式（3.20）、式（3.21）并根据企业利润最大化和零利润条件，宏观经济均衡的目标函数与家庭效用函数相一致。根据家庭效用函数预算约束方程，宏观经济均衡的目标函数求解受到以下条件约束：

$$\dot{k} = f(k, I) - c - (\delta + n)k, \quad k(0) = 1, \quad \bar{r}(t) = (1/t)\int_0^t r(\nu)\mathrm{d}\nu \quad (3.22)$$

构建效用最大化的汉密尔顿方程：

$$H(c, k, \lambda) = \mathrm{e}^{-(\rho-n)t}(c^{1-\theta} - 1)/(1 - \theta) + \lambda(f(k, I) - c - (\delta + n)k) \quad (3.23)$$

对人均消费求偏导，可得

$$\partial H/\partial c = \mathrm{e}^{-(\rho-n)t}c^{-\theta} - \lambda = 0 \quad (3.24)$$

运用欧拉方程对人均资本求偏导，可得

$$H/\partial k = \lambda(A\alpha k^{\alpha-1}(I^\beta)^{1-\alpha} - \delta - n) + \lambda = 0 \quad (3.25)$$

横截性条件为

$$\lim_{t \to \infty}\{k \cdot \mathrm{e}^{\int_0^t [f(k, I) - \delta - n]\mathrm{d}\nu}\} = 0 \quad (3.26)$$

综合式（3.22）、式（3.24）、式（3.25）可得人均消费和人均资本的常微分方程系统，结合横截性条件式（3.26），可得人均消费和人均资本的平衡增长路径。为了分析基础设施发展对居民福利水平的长期动态影响，本书重点分析人均消费的平衡增长路径。由式（3.24）可得

$$\frac{\dot{\lambda}}{\lambda} = \rho - n + \theta\frac{\dot{c}}{c} \quad (3.27)$$

将式（3.27）代入欧拉方程式（3.25），可得人均消费增长率

$$\xi^c = \frac{\dot{c}}{c} = (A\alpha k^{\alpha-1}(I^\beta)^{1-\alpha} - \rho - \delta)/\theta \qquad (3.28)$$

推论 3：当基础设施与私人资本充分匹配时（$\beta=1$），居民收入增长速度长期不变；当基础设施处于拥塞状态时（$0<\beta<1$），居民收入增长速度随人均资本递增而递减，基础设施发展减缓了居民收入增长速度的下降趋势。

如式（3.28）所示，居民消费的平衡增长路径与基础设施正相关，并且受到基础设施拥塞性的影响。接下来本书进一步考虑当基础设施分别为准公共物品和纯公共物品属性时，居民福利水平的长期影响。

当基础设施为纯公共物品时，基础设施供给处于充分状态，企业均能获得与物质资本相匹配的基础设施，也即 $\beta=1$。将 $\beta=1$ 和 $I=K=L \cdot k$ 代入式（3.28），可得 $\xi^c = (AaL^{1-\alpha} - \rho - \delta)/\theta$，即人均消费增长率与劳动力规模相关。当劳动力供给数量既定时，人均消费增长率能够实现恒定增长。

当基础设施为准公共物品时，基础设施供给处于短缺状态，企业不能获得与物质资本完全匹配的基础设施，也即 $0<\beta<1$。由于存在要素投入边际效用递减规律，人均资本累积对人均消费增长率的贡献率会逐步减小，但外生于经济系统的基础设施对人均消费增长率具有额外的增长贡献，能够抵消部分人均资本累积所带来的降低增长率的负面影响。并且随着基础设施供给数量的增长，基础设施发展对人均消费增长率的贡献作用增大，直至 $\beta=1$ 时基础设施完全弥补由人均资本累积所导致的消费增长率下降，从而实现长期恒定增长。

基础设施增收的长期效应对研究当前三峡库区基础设施与居民收入关系有重要启发意义。长期以来，三峡库区基础设施水平都处于薄弱和匮乏状态，人均资本累积对居民福利水平提升的贡献率不断递减，居民收入难以持续稳定提高。进入 21 世纪以来，国家的投资政策不断向三峡库区基础设施倾斜，该区基础设施条件大幅改善，但库区居民收入增速并未远高于重庆市和全国平均水平。式（3.28）为这种现象提供了一个合乎规律的理论解释：基础设施、人均资本累积和有效劳动力规模均对居民收入水平产生影响。一方面，自然和历史因素综合导致了三峡库区产业层次较低、人地矛盾突出、基础设施薄弱等窘迫的发展条件，该区人均资本累积不足，常住人口增长缓慢；另一方面，2000—2015 年，国家、各省市对三峡库区基础设施扶持和支援强度不断加大，库区基础设施资金投入和存量快速增加。快速改善的基础设施和缓慢增长的人均资本可能会导致库区基础设施闲置，同时劳动力人口外流进一步导致居民收入增长缺乏强劲的内生动力，形成了库区"只见马路，不见车流""只见园区，

不见企业"的投入与产出矛盾现象（陈国阶，2003）。因此，要想形成三峡库区居民收入对重庆市和全国平均水平的追赶态势，相关政策在大力扶持三峡库区基础设施建设的同时，应当重点关注库区产业去空心化和引导人口回流，实施以建兴城、以产聚人"两手抓"的策略。

3.2.3　基础设施增收的空间效应模型——基于南方-北方两部门

从三峡库区基础设施增收的长期效应模型中可知，基础设施发展对居民收入增长的促进作用类似于一个额外的技术进步贡献。在考察基础设施增收的空间效应时，利用这一推断并将严格外生的基础设施变量融进技术进步因素中，那么包含资本、劳动、基础设施三要素的新古典经济增长函数可构建为

$$Y = A(I)f(K, L) \tag{3.29}$$

式中：$A(I)$ 表示技术进步是一个关于基础设施的外生函数，$\partial A(I)/\partial I > 0$；$f_K'(K, L) > 0$，$f_K''(K, L) < 0$，$f_L'(K, L) > 0$，$f_L''(K, L) < 0$。

借鉴 Boarnet（1998）的两地经济系统假设条件：

（1）市场分割为南北（south-north）两个城市，即 S、N，市场信息完备，为完全竞争形态；

（2）S、N 分别生产同质化产品，短期内资本、劳动具有不变弹性，即短期 S、N 资本和劳动对利息率和工资率完全不敏感，但长期资本和劳动能够在 S、N 之间自由流动，流动成本忽略不计；

（3）基础设施由中央政府提供，不考虑中央政府对 S、N 的税负影响，也即 S、N 对基础设施使用的边际成本为零；

（4）在经济增长的初始阶段，S、N 要素禀赋完全一致，即有 $I_S = I_N$，$A(I_S) = A(I_N)$，$K_S = K_N$，$L_S = L_N$。

在市场均衡状态下，S、N 城市的劳动力工资率和物质资本利息率可表示为

$$w_S = \mathrm{MP}_L = A(I_S)f'_L(K_S, L_S) \tag{3.30}$$

$$w_N = \mathrm{MP}_L = A(I_N)f'_L(K_N, L_N) \tag{3.31}$$

$$w_S = w_N \tag{3.32}$$

$$r_S = \mathrm{MP}_K = A(I_S)f'_K(K_S, L_S) \tag{3.33}$$

$$r_N = \mathrm{MP}_K = A(I_N)f'_K(K_N, L_N) \tag{3.34}$$

$$r_S = r_N \tag{3.35}$$

假定政府针对 S 城市基础设施进行投资，由于短期内资本、劳动具有不变弹性，那么式（3.32）、式（3.35）的均衡水平将会被打破。S 城市的基础设施增加 ΔI，短期内劳动力工资率和资本利息率会变为

$$w'_S = \mathrm{MP}_L = A(I_S + \Delta I)f'_L(K_S, L_S) \tag{3.36}$$

$$r'_S = \mathrm{MP}_K = A(I_S + \Delta I)f'_K(K_S, L_S) \tag{3.37}$$

$$w'_S > w_N; \quad r'_S > r_N \tag{3.38}$$

从式（3.36）、式（3.37）、式（3.38）中可以发现，S 城市增加基础设施投资后，劳动力工资率和资本利息率均得到提高，在短期内导致 S 城市的资本价格和劳动工资均高于 N 城市。但在长期中，S、N 城市的资本和劳动力均可以自由流动，这就意味着 N 城市的资本和劳动会逐渐流入 S 城市，以求获得更高的要素回报率。由于本书考察的重点是基础设施发展对居民收入的影响，而劳动力工资率是居民收入的直接和主要来源，所以假定 S、N 城市资本固定。在长期中，N 城市的劳动力会流入 S 城市，重新形成新的劳动力工资率均衡水平，即

$$w''_S = \mathrm{MP}''_L = A(I_S + \Delta I)f'_L(\bar{K}, L_S + \Delta L) \tag{3.39}$$

$$w''_N = \mathrm{MP}''_L = A(I_N)f'_L(\bar{K}, L_N - \Delta L) \tag{3.40}$$

由于式（3.29）生产函数满足凸性假定（$\partial w/\partial L < 0$），因此劳动力从 N 城市流入 S 城市，使得 S 城市劳动回报率下降；N 城市劳动力减少，使得劳动力边际产出水平上升，从而提高了 N 城市的劳动力工资率。在长期均衡状态下，必然实现 $w''_S = w''_N$。上述基础设施增收的空间效应模型表明：

推论4：本地基础设施增加能够促进其他地区居民收入增长，基础设施增收存在空间溢出效应。

推论5：无论基础设施率先投入给谁，若不计中间成本，随着劳动力的理性转移，其他地区的居民收入水平也能够获得提升。

基础设施增收的空间溢出推论为三峡库区各个区县基础设施不平衡投资提供了理论支持。国家和各省市扶持和支援三峡库区基础设施的建设资金是稀缺资源，不可能满足所有区县基础设施建设的需要，也不可能平均分配给各个区县。在此情况下，三峡库区基础设施发展实行"以点带面"的差异化投资策略，收紧基础设施建设的分散资源，集中投向主城区及周边区县的基础设施建设，并在库腹地区重点扶持和支援万州区基础设施建设，积极打造"万开云"板块一体化。在政策作用下，当前库尾地区形成基础设施资源相对密集地，吸引人口从库区生态脆弱区向主城及周边区县转移，同时库腹地区形成万州区基础设施资源相对密集区，吸引库腹分散人口向节点区县集聚。对库区节点区县基础设施的重点投资，可增强节点区县对非节点区县的经济辐射效应，从而在长期里实现三峡库区居民收入的整体提升。

3.3 本章小结

本章从影响机制和理论模型两方面构建了基础设施增收效应的理论框架，基于理论框架分析了三峡库区基础设施与居民收入的发展规律和现实问题。其中，基础设施增收效应的影响机制分为投资影响机制、空间影响机制和长期影响机制；基础设施增收的理论模型分为投资效应模型、长期效应模型和空间效应模型。相关结果概括如下：

第一，在影响机制分析上，构建了居民收入对基础设施投资的多维响应路径，如表 3.1 所示。

表 3.1　基础设施增收效应的影响机制

影响机制维度	响应路径过程
投资影响机制	基础设施投资增加→就业蓄水池扩建、资本高地形成→劳动力和产业集聚→城镇化推进→居民收入增长
空间影响机制	基础设施投资增加→基础设施存量增长→空间互联互通改善、要素流动性改善→规模经济溢出、要素报酬提高→经济运行效率得以改善→居民收入增长
长期影响机制	基础设施投资增加→基础设施存量增长→社会资本增加、人力资本提高→私人资本与社会资本匹配度提高、单位劳动力可提供的有效劳动量增加→经济系统实现内生驱动→居民收入增长

第二，在理论模型分析上，假定了经济部门生产函数形式和相关预设参数，通过对城镇-农村两部门、家庭-企业两部门、南方-北方两部门等经济系统的数理推导，得到关于基础设施与居民收入关系的 5 个推论，如表 3.2 所示。

表 3.2　基础设施增收效应的理论模型

模型维度	数理形式	推论内容
投资效应模型	$\partial w / \partial I = \beta(1-\rho)(1-\alpha-\beta)\varphi^{\rho} \cdot$ $AY^{-2}(IL)^{\rho-1} \geqslant 0$ $\Delta'_{UR} = w_U - w_R$ $= \dfrac{(1-\alpha-\beta)\varphi^{\rho}}{\beta}(t_U i_U^{1-\rho} - t_R i_R^{1-\rho})$ $\Delta''_{UR} = w_U / w_R = \dfrac{t_U}{t_R}\left(\dfrac{i_U}{i_R}\right)^{1-\rho}$	推论 1：基础设施投资能够促进居民收入增长 推论 2：城乡基础设施边际产出差距和城乡居民人均基础设施资本累积差距导致城乡居民收入差距

表3.2(续)

模型维度	数理形式	推论内容
长期效应模型	$\xi^c = \dfrac{\dot{c}}{c}$ $= (A\alpha k^{\alpha-1}(I^\beta)^{1-\alpha} - \rho - \delta)/\theta$	推论3:当基础设施与私人资本充分匹配时($\beta=1$),居民收入增长速度长期保持不变;当基础设施处于拥塞状态时($0<\beta<1$),居民收入增长速度随人均资本递增而递减,但基础设施投资减缓了居民收入增长速度的下降趋势
空间效应模型	$w''_S = A(I_S + \Delta I) f'_L(\bar{K}, L_S + \Delta L)$ $= A(I_N) f'_L(\bar{K}, L_N - \Delta L)$ $= w''_N$	推论4:本地基础设施增加能够促进其他地区居民收入增长,基础设施增收存在空间溢出效应 推论5:无论基础设施率先投入给谁,若不计中间成本,随着劳动力的理性转移,其他地区的居民收入水平也能够获得提升

第三,基于基础设施增收效应的理论框架,本章考察了三峡工程论证期以来的库区基础设施与居民收入水平的关联影响状态。三峡库区具有集中连片特征的居民收入贫困化与基础设施投资不足有着直接关联。长期落后的基础设施使得库区产业发展严重受限,人才外流现象比较突出,导致库区城镇化进程缓慢,居民收入增长缺乏外部刺激和内生动力。基础设施可及性低所造成的市场分割和经济闭塞致使库区外部资金、人才进不来,本地特色产品运不出,阻碍了库区居民收入增长。

2011年国家研究发布《三峡后续工作规划》,对三峡库区经济社会发展倾注了大量的扶持资金和优惠政策,库区基础设施建设从前期恢复阶段转入打造长江上游地区综合立体基础设施体系的新阶段。沪渝高速、渝万高铁、渝怀铁路、达万铁路、万州机场、涪陵港等基础设施正在运营,银百高速、渝昆高铁、巫山机场等一批重要基础设施在建,这些均表明库区基础设施投资热潮和互联互通水平不断提高。基础设施投资增加和存量累积增强了库区经济社会发展的内生动力,提高了居民收入水平。

第4章 三峡库区基础设施与居民收入的现状评价

本章对三峡库区基础设施与居民收入的背景描述，有利于览知三峡库区基本区情，并为后续章节的增收效应分析夯实事实根基。在分析逻辑上，本章遵循总体趋势分析、空间视阈分析和横向比较分析相结合的思路。其中，总体趋势分析主要考察2000—2015年三峡库区相关指标的演化路径，试图归纳三峡库区基础设施与居民收入的发展规律；空间视阈分析主要考察三峡库区15个区县相关指标的发展实情，直观把握三峡库区库腹与库尾基础设施与居民收入的空间格局；横向比较分析主要以重庆或全国的同类指标作参照，用以考察三峡库区基础设施与收入水平的现实差距。

4.1 三峡库区人口与经济基本状况

三峡库区人口与经济表现是影响基础设施和居民收入水平的重要环境载体。在人口基本状况描述上，本章选取了常住人口、城镇化率、人口平均年龄、就业人员平均受教育年限等指标来反映库区人口规模、人口结构以及人口质量，数据结果如表4.1所示。在经济基本状况描述上，本章选取了地区生产总值、人均地区生产总值、三次产业比例、人均固定资产投资等指标来衡量库区经济总量、产业结构以及投资水平，数据结果如表4.2所示。

表 4.1　三峡库区人口基本状况

指标	2000 年	2005 年	2010 年	2015 年
常住人口/万人	1262	1240	1288	1317
城镇化率/%	26.82	37.27	47.83	56.10
人口平均年龄/岁	32.63	35.44	37.29	38.28
就业人员平均受教育年限/年	7.0	7.4	8.4	9.0

注：常住人口、城镇化率指标数据来源于《1992—2004 年三峡库区历史资料汇编》《三峡工程重庆库区统计历史资料汇编：2005—2009》以及 2010—2015 年三峡库区年报。人口平均年龄、就业人员平均受教育年限指标数据根据重庆市人口普查年鉴、重庆市 1%人口抽样调查资料、重庆市经济普查年鉴以及各地区统计年鉴等资料计算得出。

如表 4.1 所示，2000—2015 年三峡库区常住人口从 1262 万人增长到 1317 万人，年均增长率为 2.85%，低于全国同期平均增长率 5.43%，人口增长率不高。进入 21 世纪以来，库区人口城镇化率加速提升，由 26.82%提升至 56.10%，增幅为 29.28 个百分点。相比全国平均水平，三峡库区城镇化率从 2000 年落后全国 9.4 个百分点到 2015 年与全国持平，显示出三峡库区近年统筹城乡改革和发展的长足进步[①]。库区人口平均年龄从 2000 年的 32.63 岁提高至 2015 年的 38.28 岁，高于同期全国人口平均年龄，其中 60 岁以上人口比例由 11.86%上升至 19.66%，反映出三峡库区人口老龄化现象。库区就业人员平均受教育年限从 2000 年的 7.0 年提升至 2015 年的 9.0 年，表明三峡库区就业人员的人力资本水平有较大提升，但低于同期重庆市就业人员平均受教育年限，这反映出三峡库区人力资本整体薄弱的事实[②]。

表 4.2　三峡库区经济发展基本状况

指标	2000 年	2005 年	2010 年	2015 年
地区生产总值/亿元	568	1171	3098	5946
人均地区生产总值/元	4508	9450	24054	45145
人均固定资产投资/元	2063	6318	22209	48115

---

① 根据中国统计年鉴，全国人口城镇化率 2000 年为 36.22%，2015 年为 56.09%。

② 根据《重庆市第五次人口普查年鉴》和《2015 年重庆市 1%人口抽样调查资料》，重庆就业人员平均受教育年限 2000 年为 7.2 年，2015 年为 9.5 年。

表4.2(续)

指标	2000 年	2005 年	2010 年	2015 年
第一产业占比/%	25.18	17.47	10.74	9.45
第二产业占比/%	35.73	39.74	52.06	52.69
第三产业占比/%	39.09	42.79	37.20	37.86

注：数据来源于 2001—2016 年重庆统计年鉴。

　　三峡库区是长江经济带上比较典型的经济洼地，秦巴山区、武陵山区与三峡水库交汇构成大山区和大库区的综合地貌，山高坡陡、险滩恶水的自然因素导致三峡库区历史贫困。随着三峡水利枢纽工程投资建设，三峡库区进入快速发展的历史通道。从表 4.2 中可以看出，2000—2015 年三峡库区地区生产总值由 568 亿元提升至 5946 亿元，经济体量扩增至 2000 年的约 10.5 倍，年均增长速度为 16.9%；2000—2015 年三峡库区人均地区生产总值从 4508 元增长到 45145 元，年均增长率为 16.6%；2000—2015 年三峡库区人均固定资产投资从 2063 元增长到 48115 元，年均增长率为 23.4%。从地区生产总值、人均地区生产总值以及人均固定资产投资的总体趋势上可以看出，三峡库区近年来的经济发展十分迅速，超过了同期重庆市和全国的经济增长速度，反映出国家和各省市大力扶持和对口支援政策取得了重要且积极的实践效果，使得三峡库区经济发展环境和社会基础条件得以明显改善。

　　虽然三峡库区经济发展形势良好，但我们也应看到三峡库区整体发展水平与重庆市和全国的差距，2015 年重庆市人均地区生产总值为 52321 元，比三峡库区高出 7176 元；2015 年全国人均国内生产总值为 49992 元，比三峡库区高出 4847 元。这说明虽然库区经济自三峡工程开工以来发展稳定，但由于经济基础较差，现阶段库区仍与重庆市和全国平均水平存在一定差距。从产业结构上看，三峡库区第一产业占比逐年下降，从 2000 年的 25.18% 下降至 2015 年的 9.45%，第二产业占比在 2005—2010 年迅速增大，2010 年后趋于稳定，第三产业占比基本稳定在 40% 左右。可见，2000—2015 年，三峡库区完成了从农业经济向工业经济转型，第二产业占比的增大有效缓解了三峡库区产业空心化问题，并为下一阶段库区产业结构的合理化和高级化积累物质基础。

4.2 三峡库区基础设施发展状况

基础设施发展是影响居民收入水平的核心因素，三峡库区基础设施薄弱问题是造成居民收入增长障碍的主要原因。因此，《三峡后续工作规划》《全国对口支援三峡库区合作规划（2014—2020 年）》《国务院关于推进重庆市统筹城乡改革和发展的若干意见》等国家政策均把基础设施投资作为扶持三峡库区经济社会发展的重要举措。为厘清三峡库区基础设施发展概况，本书选择每万人等级公路里程数、人均公路货运量来表示交通基础设施，人均用电量来表示能源基础设施，人均邮电业务总量来表示信息基础设施，中小学生师比①来表示教育基础设施，每万人卫生机构床位数和婴儿死亡率来表示卫生基础设施，相关指标说明如表4.3 所示。

表 4.3 三峡库区基础设施指标说明

基础设施类别	具体指标	计算方式	指标含义	数据来源
交通基础设施	每万人等级公路里程数	等级公路里程数/常住人口	反映交通基础设施的存量水平	《1992—2004 年三峡库区历史资料汇编》、《三峡工程重庆库区统计历史资料汇编：2005—2009》、2010—2015 年三峡库区年报、2001—2016 年重庆统计年鉴、库区 15 区县统计年鉴
	人均公路货运量	公路货运量/常住人口	反映交通基础设施的流量水平	
能源基础设施	人均用电量	全年用电量/常住人口	反映能源基础设施的流量水平	
信息基础设施	人均邮电业务总量	邮电业务总量/常住人口	反映信息基础设施的流量水平	
教育基础设施	中小学生师比	中小学在校学生数/中小学专职教师数	反映教育基础设施的流量水平	
卫生基础设施	每万人卫生机构床位数	卫生机构床位数/常住人口	反映卫生基础设施的存量水平	
	婴儿死亡率/‰	婴儿死亡率	反映卫生基础设施的流量水平	

注：中小学生师比、婴儿死亡率为逆向指标，其他指标均为正向指标。

4.2.1 三峡库区基础设施发展的总体趋势

21 世纪以来，政府对三峡库区基础设施的投资力度逐年加大，三峡库区

---

① 中小学生师比表示单位教师所教授的学生人数。

基础设施水平明显改观。表4.4显示了三峡库区能源、交通、信息、教育、卫生等基础设施建设的总体水平和发展趋势。

表4.4　三峡库区各类基础设施的现状水平

年份	每万人等级公路里程数/千米	人均公路货运量/吨	人均用电量/千瓦时	人均邮电业务总量/元	中小学生师比	每万人卫生机构床位数/张	婴儿死亡率/‰
2000	8.16	5.15	625	114.3	26.34	17.66	23.52
2001	8.88	6.33	699	137.8	28.04	17.72	19.77
2002	9.68	7.66	770	168.5	28.10	16.56	16.02
2003	10.27	8.42	809	204.6	28.98	17.42	15.55
2004	10.93	9.42	872	224.6	28.62	17.57	14.38
2005	12.46	9.84	1014	266.5	27.51	17.96	13.00
2006	18.16	10.67	1099	303.5	27.23	19.33	10.70
2007	20.88	11.48	1199	358.8	25.42	21.13	9.90
2008	24.43	13.28	1240	424.2	25.10	24.57	8.90
2009	28.98	16.39	1307	465.2	21.97	28.50	8.20
2010	31.89	19.35	1618	511.5	20.43	31.91	7.10
2011	33.60	24.61	1891	548.0	19.59	35.93	6.80
2012	34.93	24.47	2102	592.4	18.85	40.58	6.10
2013	36.31	27.92	2211	647.8	18.43	46.33	5.70
2014	38.94	27.29	2310	671.6	18.13	49.83	5.20
2015	40.59	29.37	2399	721.6	17.58	54.74	5.10
增速/%	11.7	12.6	9.5	13.2	-2.6	8.0	-10.0

　　三峡库区各类基础设施发展水平均有明显改善，能源、交通、信息等生产性基础设施发展速度比卫生、教育等社会性基础设施发展速度要快。如表4.4数据显示，每万人等级公路里程数从2000年的8.16千米上升至2015年的40.59千米，人均公路货运量从2000年的5.15吨上升至2015年的29.37吨，三峡库区人均用电量从2000年的625千瓦时上升至2015年的2399千瓦时，人均邮电业务总量从2000年的114.3元上升至721.6元，以上生产性基础设施的年均增速分别为11.7%、12.6%、9.5%、13.2%。2015年，三峡库区中小学生师比、婴儿死亡率和每万人卫生机构床位数分别为17.58、5.10‰和54.74张，年均增速分别为-2.6%、-10.0%和8.0%。通过比较生产性基础设施与社会性基础设施的发展速度，可知三峡库区生产性基础设施增速较快，社会性基础设施的发展趋势相对缓慢。

由图 4.1 可知，每万人等级公路里程数、人均公路货运量、人均用电量以及人均邮电业务总量呈现出逐年上升趋势且增长势头良好。从趋势来看，2000—2008 年各类生产性基础设施增长比较平缓，2009—2015 年各类生产性基础设施增长明显加速。结合《三峡后续工作规划》，国家对三峡库区规划总投资 1238 亿元是以 2008 年为基期，2009—2010 年为规划实施准备期，2011—2015 年为规划近期，2016—2020 年为规划远期。由此可见，2009—2015 年三峡库区生产性基础设施的加速增长反映出国家政府对三峡库区投资加持的积极成效。

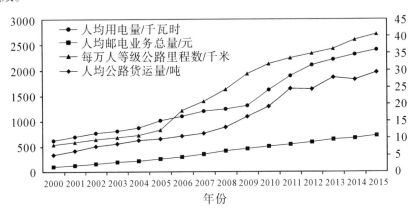

图 4.1   2000—2015 年三峡库区生产性基础设施走势图

如图 4.2 所示，中小学生师比和婴儿死亡率降幅平缓，每万人卫生机构床位数呈现逐年攀升态势。三峡库区社会性基础设施逐年向好，教育、卫生等社会性基础设施改善了库区发展的内生条件，从长远来看提高了库区人力资本水平。

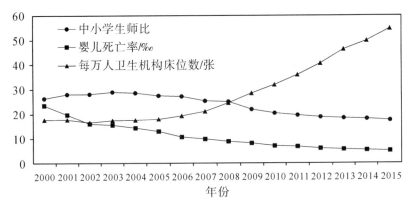

图 4.2   2000—2015 年三峡库区社会性基础设施走势图

　三峡库区基础设施增收效应研究：基于多维影响机制视角

4.2.2　三峡库区基础设施的空间格局

基于前述关于三峡库区基础设施总体与趋势描述，进一步考察三峡库区各个区县基础设施水平，把握三峡库区基础设施水平的空间分布格局，测度三峡库区基础设施整体均衡发展水平。

三峡库区生产性基础设施的空间格局

根据资料，三峡库区生产性基础设施水平呈"尾高腹低"的梯度差异。整体而言，依托"万开云"板块一体化建设思路，万州、开州、云阳的交通、能源、信息等生产性基础设施发展水平有所提升，武隆、石柱、丰都等库尾与库腹结合部位的生产性基础设施建设水平表现出了良好的提升势头。具体来看，武隆、巫溪、石柱、奉节、云阳的等级公路里程数总量低，但每万人等级公路里程数较高，其中巫溪的每万人等级公路里程数从 2000 年的 13.76 千米跃升至 2015 年的 99.28 千米，丰都、忠县等地的每万人等级公路里程数则相对较低；渝北、涪陵、长寿的人均公路货运量较高；渝北、江津、长寿、万州的人均用电量位于库区上游水平，其中长寿的人均用电量从 2000 年的 1295 千瓦时上升至 2015 年的 6694 千瓦时；巫溪的人均邮电业务总量从 2000 年的 41.52 元提升至 2015 年的 809.9 元，信息基础设施发展速度较快。

为考察库区内部各区县的生产性基础设施水平趋同抑或趋异，基于 2000 年、2005 年、2010 年、2015 年三峡库区基础设施的变异系数来测度各个区县的发展差异。由表 4.5 中的 CV 值可知，库尾地区人均用电量的变异系数在样本期间内由 0.37 逐增至 0.47，表明库尾人均用电量呈现出趋异特征；每万人等级公路里程数的变异系数由趋异向趋同转变，人均公路货运量和人均邮电业务总量的内部差异则为趋同态势，表现出空间均衡发展；库腹地区人均用电量、人均公路货运量和人均邮电业务总量的变异系数在样本期内均逐年下降，其内部结构有序趋同，而每万人等级公路里程数的变异系数在样本期间内则先升高后降低，呈倒"U"形趋势，内部差异先趋异后趋同；库区全域生产性基础设施的内部结构演变规律与库腹地区相似，即人均用电量、人均公路货运量和人均邮电业务总量内部趋同发展，每万人等级公路里程数的内部差异则先趋异后趋同。

表 4.5　三峡库区生产性基础设施的空间变异系数

年份	每万人等级公路里程数			人均公路货运量			人均用电量			人均邮电业务总量		
	CV1	CV2	CV3	CV1	CV2	CV3	CV1	CV2	CV3	CV1	CV2	CV3
2000	0.35	0.35	0.40	0.78	0.62	0.92	0.37	1.08	0.93	0.32	0.47	0.44
2005	0.31	0.39	0.47	0.68	0.57	0.93	0.47	0.64	0.86	0.26	0.27	0.35
2010	0.41	0.50	0.58	0.31	0.45	0.58	0.44	0.53	0.80	0.29	0.24	0.36
2015	0.38	0.41	0.52	0.37	0.49	0.63	0.47	0.38	0.70	0.29	0.12	0.22

注：CV1 表示库尾区县，CV2 表示库腹区县，CV3 表示三峡库区各区县。

扫描右侧二维码可查看三峡库区社会性基础设施的空间格局。教育基础设施与经济发展水平有明显关联性，三峡库区各区县教育基础设施发展的规模总体不大，教育基础设施发展水平有待提升。在三峡库区教育基础设施建设中，江津、长寿、涪陵、奉节等区县的中小学生师比在样本期间内下降幅度较大，其中

三峡库区社会性基础设施的空间格局

江津从 2000 年的 21.04 降至 2015 年的 16.25，奉节县中小学生师比从 2000 年的 30.97 下降为 2015 年的 16.44。三峡库区卫生基础设施发展水平普遍不高，居民社会性基础设施比较匮乏。巴南、江津、涪陵、武隆等区县的婴儿死亡率在样本期间内下降幅度较大（其中武隆从 2000 年的 31.59‰降至 2015 年的 4.92‰）；巴南、长寿、武隆等区县的每万人卫生机构床位数较高，其中，巴南的每万人卫生机构床位数从 2000 年的 27.73 张上升至 2015 年的 64.51 张。

进一步地，基于 2000 年、2005 年、2010 年、2015 年三峡库区社会性基础设施的变异系数来测度各个区县的发展差异。由表 4.6 中的 CV 值可知，库尾地区中小学生师比的变异系数在样本期间内由 0.07 提高至 0.10，表明库尾地区各区县的教育基础设施呈现出趋异特征，婴儿死亡率和每万人卫生机构床位数的变异系数逐年降低，表现为趋同态势。库腹地区中小学生师比和每万人卫生机构床位数的变异系数在样本期间内逐年降低，婴儿死亡率的内部差异先趋异后趋同。库区全域内中小学生师比和婴儿死亡率的变异系数在样本期内先增大后减小，呈现倒"U"形变化趋势，反映出库区教育、卫生基础设施的均等化发展。

表 4.6 三峡库区社会性基础设施的空间变异系数

年份	中小学生师比			婴儿死亡率			每万人卫生机构床位数		
	CV1	CV2	CV3	CV1	CV2	CV3	CV1	CV2	CV3
2000	0.07	0.18	0.18	0.24	0.35	0.37	0.32	0.29	0.33
2005	0.08	0.17	0.20	0.34	0.46	0.52	0.30	0.26	0.33
2010	0.06	0.14	0.15	0.37	0.29	0.35	0.18	0.18	0.20
2015	0.10	0.08	0.09	0.18	0.25	0.23	0.13	0.14	0.13

注：CV1 表示库尾区县，CV2 表示库腹区县，CV3 表示三峡库区各区县。

4.2.3 三峡库区基础设施的横向比较

对三峡库区基础设施的时空格局分析有助于了解三峡库区基础设施的发展趋势和内部结构。为评价三峡库区基础设施的现状水平，本节以重庆市和全国的基础设施指标作为参照系，以求辨识三峡库区基础设施的发展位次。表 4.7梳理了 2000 年、2003 年、2006 年、2009 年、2012 年、2015 年三峡库区、重庆市、全国的基础设施相关指标数据。

表 4.7 三峡库区、重庆市、全国的基础设施横向比较

年份	地区	人均用电量/千瓦时	每万人等级公路里程数/千米	人均公路货运量/吨	人均邮电业务总量/元	中小学生师比	婴儿死亡率/‰	每万人卫生机构床位数/张
2000	三峡	625	8.16	5.15	114	26.34	23.52	17.66
	重庆	1041	7.40	9.38	301	21.11	20.19	23.05
	全国	1063	10.38	10.72	378	19.04	28.40	25.07
2003	三峡	809	10.27	8.42	205	28.98	15.55	17.42
	重庆	1290	8.05	11.62	433	21.70	15.85	22.58
	全国	1473	11.13	12.11	543	19.33	22.60	24.48
2006	三峡	1099	18.16	10.67	303	27.23	10.70	19.33
	重庆	1773	14.92	15.32	985	20.61	11.51	24.32
	全国	2175	17.37	15.50	1166	18.15	17.20	26.72

表4.7(续)

年份	地区	人均用电量/千瓦时	每万人等级公路里程数/千米	人均公路货运量/吨	人均邮电业务总量/元	中小学生师比	婴儿死亡率/‰	每万人卫生机构床位数/张
2009	三峡	1307	28.98	16.39	465	21.97	8.20	28.50
	重庆	2288	24.63	23.98	1717	17.86	8.18	32.42
	全国	2775	22.90	21.17	2038	16.55	13.80	33.10
2012	三峡	2102	34.93	24.47	592	18.85	6.10	40.58
	重庆	2455	29.48	29.36	941	16.29	5.84	44.42
	全国	3675	26.66	30.28	1109	15.47	10.30	42.28
2015	三峡	2399	40.59	29.37	722	17.58	5.10	54.74
	重庆	2902	37.58	34.42	1838	15.65	5.34	58.57
	全国	4221	31.22	30.38	2068	14.49	8.10	51.03

注：三峡库区数据通过各区县数据汇总计算，重庆市数据来源于历年重庆统计年鉴，全国数据来源于历年中国统计年鉴和中国卫生和计划生育统计年鉴。

三峡库区生产性基础设施的发展水平与全国、重庆市整体发展水平差距较大，社会性基础设施发展水平比较接近全国和重庆市的整体发展水平。如表4.7所示：

在能源基础设施方面，三峡库区人均用电量与重庆市、全国水平相比，人均差额从2000年的-416千瓦时、-438千瓦时扩大至2015年的-503千瓦时、-1882千瓦时。

在交通基础设施方面，三峡库区的每万人等级公路里程数与重庆市、全国水平相比，差额从2000年的0.76千米、-2.22千米领先至2015年的3.01千米、9.37千米，逐渐优于全国和重庆市整体发展水平；人均公路货运量与重庆市、全国水平相比，人均差额从2000年的-4.23吨、-5.57吨变化为-5.05吨、-1.01吨。

在信息基础设施方面，人均邮电业务总量与重庆市、全国水平相比，人均差额从2000年的-187元、-264元扩大至-1116元、-1346元。

在教育基础设施方面，中小学生师比与重庆市、全国水平相比，差额从2000年的5.23、7.3缩小为2015年的1.93、3.09，逐渐靠近重庆市和全国平均水平。

在卫生基础设施方面，婴儿死亡率与重庆市、全国水平相比，差额从2000年的3.33‰、-4.88‰变化为2015年的-0.24‰、-3‰；每万人卫生机构床位数与重庆市、全国水平相比，差额从 2000 年的-5.39 张、-7.41 张变化为 2015 年的-3.83 张、3.71 张。

从上述基础设施的横向比较中可以看出，三峡库区人均用电量、人均邮电业务总量和人均公路货运量较重庆市、全国水平偏低，但每万人等级公路里程数高于重庆市和全国发展水平，这反映出三峡库区生产性基础设施明显改善，但基础设施利用效率偏低。自三峡库区成库以来，国家出台了一系列专门针对三峡库区经济社会恢复和发展的扶持规划，大力支持三峡库区基础设施建设，有力改善了三峡库区基础设施面貌。但三峡库区产业基础薄弱的客观历史，以及三峡工程建设导致大批工矿企业"关停并破"，造成了三峡库区产业空心化。此外，根据 2011 年 6 月国务院发布的《全国主体功能区规划》，三峡库区部分区县被列为"秦巴生物多样性生态功能区""武陵山区生物多样性及水土保持生态功能区""三峡库区水土保持生态功能区"，是典型的限制开发区域，这也使得三峡库区产业重构和升级速度缓慢。可以说，在国家的大力支持下，三峡库区得以坚持基础设施先行的总体思路，但若缺乏清晰的产业定位和有力的产业支撑，从长远来看三峡库区基础设施建设难以实现内生驱动。

4.3 三峡库区居民收入水平状况

前述交代了三峡库区人口与经济基本背景和基础设施发展状况，本节将重点审视三峡库区居民收入格局。在三峡库区居民收入水平指标体系构建上，择定城镇居民可支配收入、农村居民纯收入、居民总体可支配收入、城乡居民收入绝对差、城乡居民收入相对差作为分析指标，既能够反映三峡库区整体收入水平，又可以显示出不同群体的居民收入水平及其差距。相关指标说明如表 4.8 所示。

表 4.8 三峡库区居民收入指标说明

指标名称	指标含义	数据来源
居民总体可支配收入	反映地区居民整体收入水平	《1992—2004 年三峡库区历史资料汇编》、《三峡工程重庆库区统计历史资料汇编：2005—2009》、2010—2015 年三峡库区年报
城镇居民可支配收入	反映城镇居民整体收入水平	
农村居民纯收入	反映农村居民整体收入水平	
城乡居民收入绝对差	反映城乡居民收入差	
城乡居民收入相对差	反映城乡居民收入比	

注：总体居民可支配收入 =（城镇居民可支配收入×城镇化率）+［农村居民纯收入×（1-城镇化率）］。

4.3.1 三峡库区的贫困发生率与收入水平

表4.9报告了三峡库区2000—2015年农村贫困人数以及贫困发生率,并且与全国贫困发生进行对比。表4.9数据显示,2000—2005年三峡库区贫困人数从80.2万人逐渐减至32.5万人,贫困发生率从8.94%下降至2.61%,减贫效果十分显著。2006—2015年,三峡库区贫困发生率在7%左右浮动。与全国贫困发生率比较来看,2000—2009年三峡库区贫困发生率高于全国,2010—2015年贫困线统计口径上移后,三峡库区贫困发生率总体上要低于全国贫困水平。但是,全国贫困发生率从2010年17.2%下降至2015年5.7%,降幅高达11.5%,而三峡库区的贫困发生率从2011年的6.94%下降为6.43%,降幅仅有0.51%。截至2015年,三峡库区的贫困发生率高于全国,其中重庆市14个国家扶贫开发工作重点县有9个集中在三峡库区。

表4.9 三峡库区贫困人数与贫困发生率

年份	库区贫困人数/人	库区贫困发生率/%	全国贫困发生率/%
2000	802300	8.94	3.50
2001	622300	7.00	3.20
2002	566100	4.56	3.00
2003	486600	3.93	3.10
2004	396400	3.21	2.80
2005	325072	2.61	2.50
2006	1133618	9.06	2.30
2007	955641	7.59	1.60
2008	846436	6.66	4.20
2009	721375	5.62	3.80
2010	796246	6.18	17.20
2011	897997	6.94	12.70
2012	894996	6.89	10.20
2013	972048	7.47	8.50
2014	979708	7.48	7.20
2015	470888	6.43	5.70

数据来源:本表数据来自《1992—2004年三峡库区历史资料汇编》《三峡工程重庆库区统计历史资料汇编:2005—2009》,以及2010—2015年三峡库区年报、2001—2016年中国统计年鉴。由于数据缺失,2015年统计口径不包括渝北区、巴南区、江津区、长寿区、涪陵区。

注:三峡库区2000—2005年贫困线为625元/年,2006—2010年贫困线为1274元/年,2011—2015年贫困线为2300元/年。

表 4.10 显示了 2000—2015 年三峡库区居民收入总体水平及增速。三峡库区居民总体可支配收入持续稳定增长，其增长速度要快于农村和城镇居民收入水平增长速度。2015 年，三峡库区居民总体可支配收入为 14278 元，年均增速为 11.5%；农村居民纯收入为 7503 元，年均增速为 10.05%；城镇居民可支配收入达到 19580 元，年均增速为 8.83%。三峡库区城镇居民可支配收入持续增长，受基数增大的影响，城镇居民可支配收入的增长速度趋缓。农村居民纯收入增长速度要高于城镇居民可支配收入增长速度。城乡居民收入绝对差持续扩大，2000—2015 年三峡库区城乡居民收入绝对差从 3736 元扩大至 12077 元，年均增速为 8.19%。城乡居民收入相对差先下降后上升，农村居民纯收入与城镇居民可支配收入之比从 0.32 下降至 0.28，之后逐步上升至 0.38。这意味着三峡库区居民收入水平持续高速增长，城乡居民收入相对差在缓步缩小，但绝对差仍然较大。

表 4.10　2000—2015 年三峡库区居民收入总体水平及增速

年份	居民总体可支配收入/元	农村居民纯收入/元	城镇居民可支配收入/元	城乡居民收入绝对差/元	城乡居民收入相对差
2000	2787	1785	5521	3736	0.32
2001	2926	1745	5786	4041	0.30
2002	3306	1861	6466	4605	0.29
2003	3706	1981	7111	5131	0.28
2004	4126	2219	7631	5411	0.29
2005	4636	2466	8288	5822	0.30
2006	5063	2512	9066	6554	0.28
2007	5866	2921	10145	7225	0.29
2008	6554	3279	10950	7671	0.30
2009	7529	3698	12301	8603	0.30
2010	8620	4275	13361	9086	0.32
2011	9840	5042	14693	9651	0.34
2012	11118	5635	16246	10611	0.35
2013	12162	6219	17401	11183	0.36
2014	13027	6802	18204	11401	0.37
2015	14278	7503	19580	12077	0.38
年均增速	11.50%	10.05%	8.83%	8.19%	—

注：居民收入指标数据均以 2000 年为基期按重庆市消费者物价指数（CPI）进行折算。

4.3.2　三峡库区居民收入的空间格局

对三峡库区居民收入水平的空间视阈分析，有助于准确把握居民收入的空间结构及其结构变化。

渝北区、巴南区居民总体可支配收入最高，江津区、长寿区、涪陵区和万州区等节点区县居民总体可支配收入紧随其后，巫溪县、云阳县、奉节县、巫山县等区县居民总体可支配收入处于下游水平。渝北区、巴南区是重庆主城区的组成部分，经济发展条件要比其他区县更好。通过三峡库区年报等数据资料可知，2000 年渝北区和巴南区居民总体可支配收入分别为 3964 元、4247 元，领先于三峡库区其他区县；到 2015 年，两地居民总体可支配收入进一步增长至 19495 元、19100 元。万州区、涪陵区、江津区、长寿区居民总体可支配收入分别为 15547 元、15816 元、16262 元、15424 元，这些区县一部分环绕主城区，受主城经济溢出效应的影响较大，另一部分则属于三峡库区重点建设的区域节点城市，政府基础设施投资力度大，产业推进动力强。2015 年，武隆县、石柱县居民总体可支配收入分别 11785 元、11253 元，巫溪县、云阳县、奉节县、巫山县居民总体可支配收入分别为 8004 元、9991 元、9713 元、9634 元，库腹地区居民总体可支配收入明显低于库尾地区。

2000 年，长寿区、渝北区、巴南区、涪陵区、武隆县和丰都县的城镇居民可支配收入均超过 5500 元，石柱县、万州区、云阳县城镇居民可支配收入处于 5000~5500 元，巫溪县、忠县、开州区、巫山县、奉节县城镇居民可支配收入则低于 5000 元。渝北、巴南、涪陵、万州作为三峡库区重点扶持区县，基础设施体系不断完善，内部产业结构逐步升级，积极推进产业承接和对接，城镇居民收入水平增长迅速，到 2015 年，城镇居民可支配收入分别达到 21994 元、21652 元、20304 元、20310 元。库腹地区武隆、忠县、石柱、丰都城镇居民可支配收入分别为 19271 元、19110 元、17924 元、17058 元，收入水平位于三峡库区各区县居民收入排名的中游区间。巫溪、云阳、奉节、巫山城镇居民可支配收入分别为 14050 元、15409 元、15439 元、16639 元，处在三峡库区各区县居民收入排名的下游水平。

三峡库区各区县农村居民纯收入具有农业区位效应，也即，距离主城越近，农村居民纯收入越高；反之则越低。2000 年，渝北区、巴南区的农村居民纯收入分别为 2486 元、2451 元，到 2015 年增长到 9824 元、9904 元，位于三峡库区农村居民纯收入排名的前列。继之，长寿、涪陵、万州农村居民纯收入分别为 2443 元、1884 元、1706 元，到 2015 年增长至 8598 元、7914 元、7657 元。随着与主城的间距加长，农村居民纯收入逐渐下降，忠县、丰都、武隆农村居民纯收入分别为 1825 元、1697 元、1669 元，到 2015 年分别增长至 7822 元、6943 元、6824 元。与主城间距最远的库腹地区云阳县、奉节县、巫山县、巫溪县，其农村居民纯收入仅为 1508 元、1329 元、1304 元、1301 元，到 2015 年农村居民纯收入分别增长到 6462 元、5984 元、5519 元、5082 元。

三峡库区城乡居民收入绝对差较大的现象逐渐从库腹转移到库尾，相对差则表现为"尾高腹低"，这意味着经济发展较好的区县城乡居民收入绝对差较大，但其农村与城镇居民收入比较小。2000 年，三峡库区各个区县的城乡居民收入差基本处在 2500~4000 元；到 2015 年三峡库区各个区县的城乡居民收入差已经扩大到 9000~12000 元。其中，渝北区、巴南区、万州区、涪陵区等经济发展水平较高、生产力资源配置丰富的区县城乡居民收入差更大，分别为 12170 元、11748 元、12653 元、12390 元。巫溪县、云阳县、奉节县等经济基础薄弱的区县城乡居民收入差相对较小，分别为 8968 元、8948 元、9455 元。此外，武隆县、石柱县等重点打造旅游休闲产业的区县城乡居民收入差也较大，分别为 12447 元、11043 元——不排除上述区县旅游产业富城难富农的可能性。忠县、巫山县、奉节县不仅收入差过万元，也是收入差年均增速（分别为 9.91%、9.65%、9.38%）最快的三个区县。巴南区、渝北区、万州区等地城乡居民收入增速较快，统筹城乡发展需要注重城乡居民收入的公平性。丰都县城乡居民收入绝对差增速趋缓，为 6.37%，相对其他区县 7%~9% 的增速而言，丰都县城乡居民收入绝对差变化有所改善。

在城乡居民收入相对差的空间格局上，渝北、巴南、江津、长寿的城乡居民收入相对差较小，2000 年农村居民纯收入与城镇居民可支配收入之比在 0.4 以上，到 2015 年农村居民纯收入与城镇居民可支配收入之比上升到 0.45 以上。武隆、石柱、巫山、巫溪城乡居民收入相对差较大，2000 年的城乡居民收入相对差分别为 0.29、0.25、0.32、0.25，农村居民纯收入仅为城镇居民可支配收入的 1/4，到 2015 年，城乡居民收入相对差有所提升，分别为 0.35、0.38、0.33、0.36。万州、涪陵、丰都城乡居民收入相对差处于库区中游区间，农村与城镇居民收入比值逐步提高，2015 年分别为 0.38、0.39、0.41。

4.3.3　三峡库区居民收入的横向比较

延续前述三峡库区基础设施的横向比较思路，以重庆市、全国的居民收入作参照，选取 2000 年、2003 年、2006 年、2009 年、2012 年、2015 年样本期节点进行横向比较，从而辨识三峡库区居民收入水平，相关比较结果如表4.11 所示。

表 4.11 三峡库区、重庆市、全国的居民收入横向比较

年份	地区	居民总体可支配收入/元	城镇居民可支配收入/元	农村居民纯收入/元	城乡居民收入绝对差/元	城乡居民收入相对差
2000	三峡	2787	5521	1785	3736	0.32
	重庆	3453	6276	1892	4384	0.30
	全国	3712	6280	2253	4027	0.36
2003	三峡	3706	7111	1981	5131	0.28
	重庆	4611	7978	2183	5795	0.27
	全国	4939	8381	2594	5787	0.31
2006	三峡	5063	9066	2512	6554	0.28
	重庆	6609	11026	2739	8287	0.25
	全国	6644	10835	3305	7530	0.31
2009	三峡	7529	12301	3698	8603	0.30
	重庆	9254	14158	4026	10132	0.28
	全国	9167	14359	4308	10051	0.30
2012	三峡	11118	16246	5635	10611	0.35
	重庆	13089	18484	5942	12542	0.32
	全国	12475	18385	5925	12460	0.32
2015	三峡	14278	19580	7503	12077	0.38
	重庆	15595	20518	7913	12605	0.39
	全国	15879	22002	8056	13946	0.37

注：重庆市居民收入按重庆市消费者物价指数进行折算（基期＝2000年），全国居民收入按全国消费者物价指数进行折算（基期＝2000年）。

表 4.11 数据显示，三峡库区居民总体可支配收入、城镇居民可支配收入、农村居民纯收入均低于重庆市和全国水平。2000 年三峡库区居民总体可支配收入比重庆市低 666 元、比全国低 925 元，到 2015 年这一数据扩大到 1317 元、1601 元；2000 年三峡库区城镇居民可支配收入比重庆市低 755 元、比全国低 759 元，到 2015 年扩大到 938 元、2422 元；2000 年三峡库区农村居民纯收入比重庆市低 107 元、比全国低 468 元，到 2015 年变化为 410 元、553 元。从三峡库区与重庆市和全国的收入差距比较中可以看出，三峡库区居民收入较低的主要原因在于城镇居民收入增长缓慢。在样本期内全国经济发展进入快车道，人民生活水平日益提升，但是此时三峡库区却正经历"城镇重建、产业重

构"，城镇居民物质资料累积速度慢，收入提升的内生动力有限，从而导致库区与重庆、全国的城镇居民可支配收入差距越发增大。相对于城镇居民可支配收入而言，库区农村居民纯收入与重庆、全国的农村居民纯收入差距变化不大。但也可以看出，库区农村居民纯收入与重庆市农村居民纯收入差距逐渐扩大，这暴露出库区农村居民纯收入处于重庆市各区县居民收入水平的低洼地。

从城乡居民收入差来看，2000 年三峡库区城乡居民收入绝对差比重庆市低 648 元、比全国低 291 元，到 2015 年三峡库区城乡居民收入绝对差比重庆市低 528 元，比全国低 1869 元；2000 年三峡库区居民收入相对差高于重庆市0.02、低于全国 0.04，到 2015 年三峡库区居民收入相对差比重庆市低 0.01、比全国高 0.01。城乡居民收入差的横向比较反映出三峡库区城乡居民收入均衡性较好。由于城镇和农村的基础条件比较窘迫，城镇和农村居民收入增长缓慢。此外，三峡库区近年城镇化发展速度很快，城镇化率从 2000 年的 26.82%上升至 2015 年的 56.10%，比全国城镇化率年均增速快了近一倍。过快的城镇化导致城镇劳动力供给急剧增长，降低了劳动力的边际成本，也抑制了城镇居民收入的快速提升。

4.4 本章小结

本章统计了 2000—2015 年三峡库区基础设施和居民收入的相关指标和数据，通过总体趋势分析来了解三峡库区基础设施和居民收入的现状水平和发展规律，通过空间视阈分析来洞察三峡库区基础设施和居民收入的空间结构和内部差异，通过横向比较分析来辨识三峡库区基础设施和居民收入的发展层次和追赶目标。分析结果显示：

（1）在总体趋势分析上，三峡库区人口规模和素质均有提升，但人口规模增长速度和就业人员平均受教育年限低于全国平均水平；库区基础设施得以恢复并日趋完善，其中生产性基础设施发展速度要快于社会性基础设施，但基础设施利用水平与重庆和全国相比仍有较大差距；库区居民收入水平稳步提升，其中农村居民纯收入年均增速高于城镇居民可支配收入的年均增速，城乡居民收入相对差虽然有所缩小，但在基数影响下绝对差仍然以年均 8.19%的增速在不断扩大。

（2）在空间视阈分析上，三峡库区交通、能源、信息等生产性基础设施水平呈现"尾高腹低"特征，教育、卫生等社会性基础设施具有均等化趋势。

居民总体可支配收入和城镇居民可支配收入逐渐从库区均衡格局向库尾倾斜格局演变，渝北、巴南等主城区和涪陵、万州等库区节点区县的居民收入水平较高。农村居民纯收入明显表现出农业区位效应，越靠近重庆主城，则农村居民纯收入越高；与重庆主城间隔越远，则农村居民纯收入越低。

（3）在横向比较分析上，三峡库区交通、能源、信息等生产性基础设施发展水平与全国、重庆市整体发展水平差距较大，其中人均邮电业务总量还不足重庆和全国人均水平的一半。教育、卫生等社会性基础设施发展水平比较接近重庆和全国的平均发展水平。三峡库区居民收入水平全面落后于重庆市和全国居民收入平均水平。其中，城镇居民可支配收入的落后情况尤为突出，且有差距增大的趋势。农村居民纯收入虽仍然一直低于重庆市和全国农村居民纯收入，但在2000—2015年缩小了这一差距。2015年三峡库区城乡居民收入绝对差要比重庆市城乡居民收入差低528元，比全国城乡居民收入差距低1869元；库区城乡居民收入相对差与重庆市和全国相比，差距仅为0.01。

（4）三峡库区基础设施与居民收入的发展起点较低，这是库区自然因素和历史因素长期综合和效应累积所形成的结果。在自然因素方面：三峡库区山高坡陡，地势起伏度介于61.23~226.15米，比平原地区增添了更多自然障碍和发展成本（于慧 等，2013）；可开采的矿产资源比较贫乏，而比较丰富的磷矿、锰矿、天然气等资源也因开采成本相对较高、生态环境保护等原因而未形成支柱性产业；三峡水库在成库之前，该区虽然拥有长江黄金水道航运之利，但险滩恶水的航运条件导致"自古川江不夜航"。在历史因素方面：三峡库区长期以传统粮猪型家庭农业为主，农业商品率低，手工业不发达；具有比较优势的旅游资源也未得到充分挖掘和合理利用，造成游客过而不留，难以产生形成享誉全国甚至世界的旅游品牌；此外，三峡库区历史上水旱灾害频发且严重，对经济社会稳定发展的中阻作用和破坏力大，导致基础设施长期薄弱（华林甫，1999）。

近年三峡库区基础设施发展和居民收入水平的快速提升与国家政策扶持密不可分。由于三峡水利枢纽工程的建设，国家对三峡库区的政策支持力度空前。库区19个区县中有11个被列入国家扶贫开发工作重点县（含湖北库区）。一系列的扶持和支援政策为三峡库区基础设施建设提供了资金和政策保障，极大地改善了三峡库区基础设施发展滞后的现象，促进了三峡库区产业重构和经济增长，提高了居民收入水平。

第5章 三峡库区基础设施增收效应的实证分析

大量的理论研究和实践经验证明，基础设施发展是居民收入增长的必要条件。无论是欠发达地区"想致富，先修路""扶贫先扶智，治贫先治愚"等基础设施增收意识的主观表达，还是国家为维护社会公平正义而采取缩小居民收入差距的政策主张，加强基础设施建设都摆在核心位置，成为促进居民收入增长的主要手段。根据前述基础设施增收效应的理论框架可知，基础设施投资及其存量改善可以拓宽就业"蓄水池"和提高资本累积水平，形成产业和劳动力集聚，推动地区城镇化进程；更为重要的是，基础设施能够持续发挥提高经济运行效率和内生发展动力的功能，从而直接或间接地提高居民收入水平。

提高三峡库区居民收入水平不仅是一项长期性、系统性的国内民生工程，也关乎我国在处理大型水利水电库区经济社会发展关键问题方面的国际影响。三峡库区基础设施经历了长达半个多世纪的停滞发展，形成了巨大的基础设施赤字，导致库区 19 个区县的集中连片贫困区县多达 11 个，居民收入面临着贫困恶性循环的困境（殷洁 等，2008）。自三峡工程开工建设以来，国家相继发布《国务院办公厅关于开展对三峡工程库区移民工作对口支援的通知》《长江三峡工程建设移民条例》《三峡后续工作规划》《全国对口支援三峡库区合作规划（2014—2020 年）》等一系列专门针对库区经济、社会、生态等领域全面发展的顶层设计方案，其中加大库区基础设施投资成为政府综合帮扶策略的重要组成部分，对于库区减贫增收起到决定性作用。当前，基础设施仍然是促进库区居民收入增长的重要源泉，但是随着现行系列帮扶政策的窗口期日趋闭合，以往依赖国家扶持政策和资金进行覆盖式投资的基础设施发展模式将难以为继，这就要求库区调整各类基础设施建设的先后步伐，从而争取基础设施增收效应最大化。因此，量化基础设施发展对库区居民收入增长的总体贡献，厘清各类基础设施发展对居民收入增长的异质性影响，对于提高基础设施增收策略的精准性有现实意义，也为库区基础设施集约型发展提供了有益的实践参考。

本章利用2000—2015年三峡库区基础设施与居民收入的相关指标数据，基于明瑟收入决定方程的逻辑思路建立起基础设施增收效应模型，拟从以下三个方面开展实证分析：

其一，检验三峡库区基础设施发展对居民收入增长的积极促进作用。按照世界银行对于基础设施的概念解释和分类标准，择取交通、能源、信息、教育、卫生五类基础设施进行实证分析，从而量化三峡库区各类基础设施对居民收入的总体性影响。

其二，分地区考察三峡库区基础设施发展对居民收入的异质性影响。在总体性分析的基础上，对三峡库区各个区县基础设施增收效应进行实证分析，旨在考察地区异质性下基础设施发展对居民收入增长的不同影响。

其三，分城乡考察三峡库区基础设施发展对居民收入的异质性影响。统筹城乡发展是库区基础设施建设的重要目的之一，本书通过量化各类基础设施发展对城镇居民可支配收入、农村居民纯收入、城乡居民收入绝对差、城乡居民收入相对差等四个方面的边际影响，辨析库区基础设施发展是更加有利于城镇居民可支配收入增长还是更加有利于农村居民纯收入增长。

5.1　研究基础

5.1.1　基础设施增收效应的理论回顾

已有理论针对基础设施与居民收入关系的研究主要分为两个方面：其一是在宏观视角下探讨区域增长和区域发展的基础条件，从而引申出基础设施对于欠发达地区发展的基础性和先行性作用；其二是在微观视角下剖析人口贫困化的发生原因，从而构建起基础设施破解人口贫困化的逻辑脉络。虽然二者存在宏观与微观经济学分析的视野差异，但是在摆脱落后和消除贫困的路径演绎上却殊途同归，也即：基础设施是收入增长的必要条件。

在基于宏观视角的基础设施增收效应研究方面，发展经济学家罗根斯坦-罗丹的"大推进论"和纳克斯的"贫困恶性循环"理论，就提倡政府通过大规模的公共基础设施投资来提高社会资本累积，为欠发达地区经济增长注入必要的动力。罗斯托的"经济成长阶段论"提出基础设施建设是后发地区经济起飞的关键条件，而经济起飞前的公共财政稀缺和基础设施薄弱状况使得后发地区经济起飞面临着巨大困难。城市学家亨德森认为良好的基础设施投资计划能够形成资本和劳动力的集聚，从而有利于城镇化水平的提高，促进居民收入增长，实现经济、社会和环境的可持续发展（Henderson，2002）。种种理论表明，欠发达地区基础设施赤字是限制居民收入增长的主要障碍之一。我国长期面临着基础设施供给不足的现实情况，特别是在广袤的西部地区和广大的农村地区，基础设施薄弱是形成我国居民收入东、中、西梯度差距和城乡居民收入差距格局的主导因由（林毅夫，2000b）。虽然地区间、城乡间的居民收入差距不可能完全被消除，但是通过对基础设施投资规模及其服务类别的相机调节可以达致缩小收入差距的目的。也有研究认为，并没有充分的证据可以佐证欠发达地区基础设施投资在缩小居民收入差距方面发挥出普适性效果；相反，基础设施投资也可能会扩大欠发达地区城乡居民收入差距，并固化城乡居民收入差距路径，从而造成基础设施富城难富乡的现象（Rukumnuaykit，2015；Škare et al.，2016）。

在基于微观视角的基础设施增收效应研究方面，彼得·汤森将拥有必要的基础设施作为人们享有正常社会生活水平和参与常规社会生活的权利之一，从而提出"相对贫困论"。相比于"绝对贫困论"对居民生存权的偏重，"相对贫困论"更加强调居民发展权，其中基础设施构成了居民发展权利中的社会资本（Townsend，1979）。阿玛蒂亚·森进一步拓展了"相对贫困论"，提出了内涵更为丰富的"多维贫困理论"，认为居民贫困不仅是物质上的贫瘠，更为重要的是贫困居民缺乏创造收入和正常生活的机会，譬如缺乏公共交通系统、缺乏信息服务、缺乏受教育机会、缺乏医疗服务等（Sen，2001）。法国学者勒内·勒努瓦将居民贫困与社会系统联系起来，认为贫困群体缺乏公平的机会参与到主流社会活动中，从而处于边缘化或者孤岛化的"社会排斥"状态（石彤，2002）。需要指出的是，"社会排斥"并不是特指人与人之间的社会关系排斥现象，而更多侧重于主流经济系统对贫困居民接入性的排斥，譬如贫困居民的基础设施可及性普遍较低。

从上述理论回顾中可以总结出：在宏观层面上，加大欠发达地区基础设施投资，有利于破除欠发达地区居民收入增长阻碍，从而切断"因为贫穷，所以贫穷"的贫困循环累积机制，并且基础设施投资是缩小区域差距和城乡差距的政策调节工具，对于我国不同地区居民收入水平均衡发展有重要促进作用；在微观层面上，基础设施作为贫困理论中的社会资本，直接影响居民提高收入水平的能力，对于基础设施可及性低的居民而言，缺乏创造收入和正常生活的机会将导致其社会角色的边缘化。因此，无论是从促进区域增长的角度出发，还是从追求个人发展的角度而言，基础设施发展均是居民收入增长的基础条件、先行条件和必要条件。

5.1.2　基础设施增收效应的方法梳理

论及基础设施与收入增长的研究方法，绝大多数文献都以明瑟收入决定方程或其扩展形式作为逻辑分析基础。1974年，美国劳动经济学家雅各布·明瑟在《教育与收入》中提出居民收入取决于个人受教育水平，并将二者构造为具体的函数形式，用于评价教育的回报率，从而开创了明瑟收入决定方程的基本形式。随着研究视角的多元化，基于明瑟收入决定方程来分析其他因素对居民收入影响的方法被统称为明瑟收入决定方程的扩展形式（Lemieux，2006）。基础设施作为居民收入增长的主要因素，在微观调查和宏观分析中都常见于明瑟收入决定方程的扩展形式（Bowles et al.，2000；Fletcher et al.，2012）。在基础设施增收效应的实证策略中，刘生龙、周绍杰（2011）基于明瑟收入决定方程的扩展形式考察了基础设施可获得性对居民收入增长的影响，张勋、万广华（2016）同样基于明瑟收入决定方程来验证过基础设施对中国城乡居民收入差距的影响；在实证方法选择上，谢里等（2012）将对数化后的明瑟收入决定方程构建为面板数据计量模型形式，从而估计交通基础设施投资对居民收入增长的边际影响；毛圆圆、李白（2010）同样采用面板数据分析方法衡量了1999—2008年我国省级基础设施投资对居民收入增长的贡献程度，并比较了东、中、西部基础设施增收效应的区域差异情况。

可见，在基础设施增收效应的分析方法中，对明瑟收入决定方程及其扩展形式的运用较为普遍；在其实证策略里，构建对数化的居民收入和基础设施的面板数据模型，可以用于量化分析基础设施发展对居民收入增长的边际影响。

5.2　模型构建、指标与数据说明

5.2.1　模型构建

基于明瑟收入决定方程的扩展形式，在宏观分析中不考虑居民工作经验因素，引入基础设施变量，构建基础设施增收效应的基础模型，如式（5.1）所示：

$$Y = f(\text{EDU}，\text{INF}) \tag{5.1}$$

式中:

Y 表示地区居民收入状态;

EDU 表示地区居民平均受教育年限;

INF 表示地区居民人均基础设施存量;

$f(\cdot)$ 表示基础设施增收的映射条件。

由于不同类型的基础设施在促进居民收入增长的功能性上具有异质性,根据基础设施分类的世行标准,参考骆永民、樊丽明(2012)的基础设施增收分析的指标构建逻辑,将基础设施(INF)细分为五类基础设施。其中,生产性基础设施三类,分别为交通基础设施(transportation infrastructure,简称TRAN)、能源基础设施(energy infrastructure,简称 ENER)、信息基础设施(information infrastructure,简称 INFO);社会性基础设施两类,分别为教育基础设施(school infrastructure,简称 SCHO)、卫生基础设施(hospital infrastructure,简称 HOSP)。式(5.1)可改写为

$$Y = f(\text{EDU, TRAN, ENER, INFO, SCHO, HOSP}) \qquad (5.2)$$

借鉴 Mincer 和 Polachek(1974)、刘生龙等(2011)、张宗益等(2013)对于基础设施增收的函数形式设定,将式(5.2)计量模型化,具体形式为

$$\ln Y_{it} = \beta_0 + \beta_1 \ln \text{EDU}_{it} + \beta_2 \ln \text{TRAN}_{it} + \beta_3 \ln \text{ENER}_{it} +$$
$$\beta_4 \ln \text{INFO}_{it} + \beta_5 \ln \text{SCHO}_{it} + \beta_6 \ln \text{HOSP}_{it} + \varepsilon_{it} \qquad (5.3)$$

式中:

i,t 分别表示地区和年份;

Y_{it} 表示居民收入状态,具体分为五种状态,即居民总体可支配收入($Y1_{it}$)、城镇居民可支配收入($Y2_{it}$)、农村居民纯收入($Y3_{it}$)、城乡居民收入绝对差($G1_{it}$;$G1_{it} = Y2_{it} - Y3_{it}$)、城乡居民收入相对差($G2_{it}$;$G2_{it} = Y3_{it}/Y2_{it}$);

$\beta_0 \sim \beta_6$ 分别表示常数项和各变量的拟合参数;

ε_{it} 表示随机误差项,假定随机误差项服从独立同分布,$\varepsilon_{it} \sim i.i.d\,(0, \sigma^2)$。

根据上述总体性、地区异质性和城乡异质性三个方面的实证检验预设,分别建立基础设施增收效应的检验模型。

基础设施增收效应的总体性检验模型:

$$\ln Y1_{it} = \beta_0 + \beta_1 \ln \text{EDU}_{it} + \beta_2 \ln \text{TRAN}_{it} + \beta_3 \ln \text{ENER}_{it} + \beta_4 \ln \text{INFO}_{it} +$$
$$\beta_5 \ln \text{SCHO}_{it} + \beta_6 \ln \text{HOSP}_{it} + \varepsilon_{it} \qquad (5.4)$$

基础设施增收效应的地区异质性检验模型:

$i.$ $\ln Y1_{it} = \beta_0 + \beta_1 \ln \text{EDU}_{it} + \beta_2 \ln \text{TRAN}_{it} + \beta_3 \ln \text{ENER}_{it} + \beta_4 \ln \text{INFO}_{it} +$

$$\beta_5 \ln \text{SCHO}_{it} + \beta_6 \ln \text{HOSP}_{it} + \varepsilon_{it},\ i = 1,\ 2,\ \cdots,\ 15$$

$$(5.5)$$

基础设施增收效应的城乡异质性检验模型：

$$\ln Y2_{it} = \beta_0 + \beta_1 \ln EDU_{it} + \beta_2 \ln TRAN_{it} + \beta_3 \ln ENER_{it} + \beta_4 \ln INFO_{it} + \beta_5 \ln SCHO_{it} + \beta_6 \ln HOSP_{it} + \varepsilon_{it} \quad (5.6)$$

$$\ln Y3_{it} = \beta_0 + \beta_1 \ln EDU_{it} + \beta_2 \ln TRAN_{it} + \beta_3 \ln ENER_{it} + \beta_4 \ln INFO_{it} + \beta_5 \ln SCHO_{it} + \beta_6 \ln HOSP_{it} + \varepsilon_{it} \quad (5.7)$$

$$\ln G1_{it} = \beta_0 + \beta_1 \ln EDU_{it} + \beta_2 \ln TRAN_{it} + \beta_3 \ln ENER_{it} + \beta_4 \ln INFO_{it} + \beta_5 \ln SCHO_{it} + \beta_6 \ln HOSP_{it} + \varepsilon_{it} \quad (5.8)$$

$$\ln G2_{it} = \beta_0 + \beta_1 \ln EDU_{it} + \beta_2 \ln TRAN_{it} + \beta_3 \ln ENER_{it} + \beta_4 \ln INFO_{it} + \beta_5 \ln SCHO_{it} + \beta_6 \ln HOSP_{it} + \varepsilon_{it} \quad (5.9)$$

5.2.2 指标与数据说明

5.2.2.1 被解释变量

① $Y1$：表示居民总体可支配收入。由于各区县统计资料并未列明居民可支配收入指标，采用高连水（2011）的处理方法，以城镇化率为权重，计算各个区县居民总体可支配收入，计算方法为：$Y1_{it} = U_{it} \times Y2_{it} + (1 - U_{it}) \times Y3_{it}$，$U_{it}$ 表示区县 i 在 t 年的城镇化率。各区县居民总体可支配收入统一采用重庆市消费者物价指数（CPI）折算为以 2000 年为基期的可比价。

② $Y2$：表示城镇居民可支配收入。各区县城镇居民可支配收入以 2000 年为基期按重庆市消费者物价指数进行折算。

③ $Y3$：表示农村居民纯收入。各区县农村居民纯收入以 2000 年为基期按重庆市消费者物价指数进行折算。

④ $G1$：表示城乡居民收入绝对差。该值以城镇居民可支配收入实际值与农村居民纯收入实际值之差得到，为逆向指标。

⑤ $G2$：表示城乡居民收入相对差。该值以农村居民纯收入实际值与城镇居民可支配收入实际值之比得到，为正向指标。

5.2.2.2 解释变量

① EDU：表示就业人员平均受教育年限。根据人口普查、抽样调查和经济普查资料，采取加权平均方式计算地区就业人员平均受教育年限，参考钞小静（2014）、丁黄艳（2016）对受教育年限的赋权标准，对未上过学、小学、初中、高中（含中职）、大学专科、大学本科、研究生及以上分别赋权为 1、6、9、12、15、16、19，然后取加权平均值。

② TRAN：表示交通基础设施，主要反映公路、铁路、内河航道、机场等的发展情况。根据前述理论框架，本书理想中的基础设施指标不仅要能够反映

库区各区县基础设施存量水平，还要能够获悉库区各区县基础设施投资状态。但受制于统计资料的可获得性，无法取得完整的库区各区县基础设施投资额及存量指标，只能寻求实物化或与基础设施直接相关的基础设施指标进行替代。交通基础设施指标择取参考了丁黄艳（2016）对长江经济带生产性基础设施增收效应检验的指标体系，以地区人均公路货运量来表示。本书之所以不包括水路货运量，是由于水路货运量与各县自然地理位置联系更为密切，更加具有点状特征，而非交通基础设施的线状特征。例如2015年，奉节县水路货运量为1668万吨（位列库区水路货运量第四位），但与奉节县毗邻的巫溪县却没有水路货运量，同为国家级贫困县，若按水路货运量来表示交通基础设施，则一方面在直观上不能认可奉节县交通基础设施水平位居库区前列，另一方面也不能接受奉节县交通基础设施与巫溪县交通基础设施水平的巨大反差。

③ ENER：表示能源基础设施，主要反映输变电站（线）、油气站、输油管道等的发展情况。根据世界银行对于能源基础设施的定义，能源基础设施主要包括在能源生产端和消费端所投入的设备总量，但这一实物数据并没有被三峡库区各项数据资料统计，因此，在对能源基础设施衡量上，学者们广泛地从能源生产量或者消费量角度考察能源基础设施发展水平。对于三峡库区而言，用能源生产量来衡量能源基础设施显然是不合适的，原因在于三峡库区各个区县属于传统能源资源贫乏区域，除涪陵天然气、页岩气储量尚可以外，尚未探明其他区县具备开采价值的能源。故而在能源基础设施衡量上，借鉴刘生龙、胡鞍钢（2010）从产出效益端构建能源基础设施的量化指标方法，采用人均用电量来衡量库区各区县能源基础设施情况。

④ INFO：表示信息基础设施，主要反映通信服务基站、邮电局、广播信号覆盖率、互联网接入率、固定电话、移动电话等的发展情况。从三峡库区各项资料的统计上来看，有关信息基础设施的指标仅有广播覆盖率和每百户固定电话、每百户移动电话等，仅以上述指标来衡量库区信息基础设施水平缺乏对信息基础设施较为客观的反映。邮电业务总量指以价值量形式表现的邮电通信企业为社会提供各类邮电通信服务的总数量，因此，本书参考李坤望等（2015）对于地区信息基础设施的衡量标准，采用人均邮电业务总量来表示库区各区县信息基础设施情况，并以2000年为基期采用重庆市消费者物价指数对各区县人均邮电业务总量进行折算。

⑤ SCHO：表示教育基础设施，主要反映生师比、学校个数、公共图书馆等的发展情况。在库区教育基础设施指标择定上，笔者的初始想法是采用中小学学校数量来进行衡量，但在统计过程中发现，教育基础设施发展良好的库尾地区（例如，2015年渝北区、巴南区中小学校数量分别为126所、98所）反

而要比教育基础设施供给不足的库腹地区（例如，2015 年巫山县、巫溪县中小学校数量分别为 218 所、191 所）要低得多，这明显不符合实际情况。因此，采用中小学生师比来进行替代。需要注意的是，教育基础设施改善的一个重要标志是从以往的大班教学方式逐步转为小班教学方式，而生师比反映的是每位专职中小学老师所分摊的学生人数，属于逆向指标。

⑥ HOSP：表示卫生基础设施，主要反映医疗条件、医院、卫生技术人员等的发展情况。卫生基础设施的质量可以通过其提供的卫生公共服务来衡量，Travis 等（2004）、Fay 等（2005）的研究成果均表明，卫生保健基础设施的普及有助于提高居民尤其是儿童的健康水平，降低疟疾发病率、婴儿和儿童死亡率。因此，择定婴儿死亡率来衡量库区各区县卫生基础设施。同样地，随着卫生医疗条件的改善，婴儿死亡率会逐步下降，属于逆向指标。

受制于统计资料的口径变动和时序跨度，选取三峡库区重庆段 15 个区县 2000—2015 年的相关指标数据，数据来源和描述性统计结果如表 5.1、表 5.2 所示。

表 5.1　相关指标的数据来源说明

指标名称	缩写	数据来源	相关统计资料
居民总体可支配收入	Y1	根据 Y2、Y3 计算	①《1992—2004 年三峡库区历史资料汇编》
城镇居民可支配收入	Y2	①、②、③、⑤	②《三峡工程重庆库区统计历史资料汇编：2005—2009》
农村居民纯收入	Y3	①、②、③、⑤	③2010—2015 年三峡库区年报
城乡居民收入绝对差	G1	根据 Y2、Y3 计算	④2001—2016 年重庆统计年鉴
城乡居民收入相对差	G2	根据 Y2、Y3 计算	⑤2001—2016 年库区 15 区县年鉴
就业人员平均受教育年限❶	EDU	⑥、⑦、⑧	⑥2000 年、2010 年重庆市人口普查资料
交通基础设施❷	TRAN	①、②、③	⑦2005 年、2015 年重庆市 1% 人口抽样调查资料
能源基础设施	ENER	①、②、③、⑤	⑧2004 年、2008 年、2013 年重庆市经济普查年鉴
信息基础设施❸	INFO	①、②、③、④、⑤	
教育基础设施	SCHO	①、②、③、⑤	
卫生基础设施	HOSP	①、②、③、⑤	

❶　综合相关统计资料，就业人员平均受教育年限仅取得了 2000 年、2004 年、2005 年、2008 年、2010 年、2013 年、2015 年的数据。对于缺失年份的数据，本书根据自回归趋势模型建立拟合优度在 90% 以上的回归方程进行插值。

❷　各区县公路货运量数据分别根据 2008 年、2012 年交通专项调查数据调整过两次，导致统计口径不一致，但未给出调整的算法。对于 2009 年、2013 年数据，借鉴丁黄艳（2016）的处理方法，建立自回归趋势模型进行推算，对于 2010—2012 年、2014—2015 年的数据，根据各区县公路货运量的增长率进行推算，以求各年度公路货运量在统计口径上保持一致。

❸　2014—2015 年，渝北区邮电业务统计范围不含原北部新区。

表 5.2　相关指标的描述性统计结果

变量	单位	样本量	均值	标准差	中位数	极小值	极大值
$Y1$	元	240	7072	4376	5789	1486	20575
$Y2$	元	240	11243	4909	10110	3614	23214
$Y3$	元	240	3952	2205	3286	1230	10453
$G1$	元	240	7291	2813	7036	2317	13355
$G2$	—	240	0.33	0.05	0.33	0.23	0.49
EDU	年	240	7.77	1.00	7.60	5.92	11.79
TRAN	吨	240	14.56	12.44	10.84	0.96	62.53
ENER	千瓦时	240	1248	1132	942	111	6693
INFO	元	240	325	179	316	41	893
SCHO	—	240	19.99	4.55	19.10	12.43	32.69
HOSP	‰	240	10.44	6.43	8.81	1.20	43.38

5.3　实证分析

基于基础设施增收效应的基础模型,本书既分析了不同类型基础设施对居民收入的总体性影响,又分析了地区之间、城乡之间基础设施水平对库区居民收入的异质性影响。

5.3.1　总体性分析

不同类型的基础设施供给会对居民收入产生不同程度的影响。例如交通基础设施的改善不仅可以增加就业机会、提高居民收入,还可以减少交易成本、促进库区经济发展,能够在较短时间内提升居民收入;而对教育基础设施的投资需要一个长期的积淀过程才能对居民收入产生影响。因此,实证分析交通、能源、信息、教育和卫生五类基础设施对库区居民收入的具体影响,对于库区基础设施次序推进具有重要的政策意义。

本节分别运用面板固定效应模型(模型Ⅰ)、面板随机效应模型(模型Ⅱ)和面板混合效应模型(模型Ⅲ)进行不同类型基础设施对居民收入影响的面板数据回归估计与检验。为消除异方差的影响,运用稳健标准误进行模型的显著性检验,如表 5.3 所示。从可决系数 R^2 来看,三个模型均在 0.9 以上,说明模型具有较好的拟合优度；从 Hausman 检验来看，固定效应模型在 1% 的水平上显著；从 AIC 与 BIC 来看，固定效应模型（模型Ⅰ）估计结果更为稳健，因此本书选用固定效应模型进行相关分析。

表 5.3　基础模型回归估计结果

变量	模型Ⅰ	模型Ⅱ	模型Ⅲ
模型效应	固定效应	随机效应	混合效应
EDU	2.84 *** (15.61)	2.61 *** (14.02)	1.96 *** (10.81)
TRAN	0.12 *** (6.48)	0.11 *** (5.83)	0.04 ** (1.97)
ENER	0.22 *** (6.11)	0.14 *** (3.81)	−0.05(−1.58)
INFO	0.19 *** (5.67)	0.27 *** (7.82)	0.46 *** (12.82)
SCHO	−0.14 * (−1.89)	−0.23 *** (−2.89)	−0.35 *** (−4.26)
HOSP	−0.07 *** (−3.12)	−0.09 *** (−3.81)	−0.17 *** (−6.12)
Cons	0.57 (1.09)	1.52 *** (2.88)	3.74 *** (7.09)
R^2	0.97	0.97	0.93
Prob. > F	1247.72 (0.000)	6510.55	546.73 (0.000)
AIC / BIC	−440.04/−415.68	—	−170.69/−146.33
Hausman−test	36.63 (0.000)	—	—
# obs.	240	240	240

注：* 、** 、*** 分别表示在 10%、5%、1% 的条件下显著，随机效应模型为卡方检验。

（1）交通基础设施发展能够显著提升库区居民收入（$\beta_2 = 0.12$，$P < 0.01$）。"要致富，先修路。"对于库区来说，交通运输条件的改善，有助于较为方便快捷地将本地特色产品运送到更远更大的市场中实现其价值，对于提高库区居民收入具有积极意义。交通基础设施的互联互通不仅能够降低生产成本，同时对降低库区居民出行成本也有利。如在渝万高铁开通前，万州到重庆主城汽车票约 125 元，用时约 4 小时；2016 年 11 月渝万高铁开通后，万州到重庆主城的时间缩短为 1 小时 45 分，高铁票价为 98 元，而万州到重庆主城的汽车票降到了 65 元，大大缩短了乘车时间，降低了乘车成本。在国家"一带一路"倡议和长江经济带规划背景下，库区应把握机遇，将库区交通基础设施建设融入国家规划、战略中，促进库区交通基础设施互联互通，补齐库区交通运输发展"短板"。

（2）能源基础设施发展对库区居民收入具有显著正向影响（$\beta_3 = 0.22$，$P < 0.01$）。能源是经济发展的物质基础，是库区城乡居民生活生存的重要资

源。能源消费是库区经济发展水平与居民收入水平的"晴雨表"，建设与库区经济社会发展水平和城乡居民收入水平相适应相协调的能源基础设施，是提高库区城乡居民生活便利程度和居民获得感的重要举措。在能源基础设施建设过程中，由于库区大部分地区处于生态涵养区和限制开发区，应在生态优先、绿色发展的理念下，大力发展绿色能源、新能源基础设施，如加快建设汽车充电桩、增加新能源公交车等。

（3）信息类基础设施发展对库区居民收入具有显著正向影响（$\beta_4 = 0.19$，$P<0.01$）。随着经济社会的发展，城乡居民对信息消费的需求也在不断增加，如手机技术不断升级更新，智能手机已经较大范围普及，使得居民对移动互联网的需求更加迫切——从 2G 通信到 3G、4G 通信，从传统电话通话到视频通话。信息基础设施的建设不但能够影响和改变城乡居民的生活方式，更能降低生产生活成本，减少信息不对称现象。例如移动网络技术普及以前，库区农村居民由于信息不畅，对整体农产品价格了解不足，而随着移动网络越来越普及和付费门槛越来越低，库区农村居民能够在手机上了解最新的市场行情，并据此安排生产活动，这有效提高了居民的收入水平。

（4）教育基础设施发展对库区居民收入增长具有积极促进作用。从中小学生师比与居民收入的影响关系来看，生师比增大，一方面表示当地教育基础设施正在萎缩，另一方面也可能是教育基础设施无法跟上居民对教育需求的增长，从而表现出对居民收入增长的负影响（$\beta_5 = -0.14$，$P<0.1$）。纵观世界经济发展历程，人力资本是经济增长不可或缺的根本动力，随着工业化进程的不断深化和信息技术革命的推进，社会对人力资本特别是高素质劳动力的需求与日俱增。教育是增加库区人力资本的重要途径。通过改善库区教育基础设施条件，更多地推行义务教育、加强职业技能教育，提高库区居民科学文化素质和综合职业能力，既是库区从"人口红利"向"人才红利"转变的关键，又是库区推进开发性扶贫政策的要旨所在。

（5）卫生基础设施发展对库区居民收入增长具有积极促进作用。从婴儿死亡率指标来看，新生婴儿死亡率越高，则反映医疗卫生条件越差，居民总体收入水平越低，反之则越高（$\beta_6 = -0.07$，$P<0.01$）。卫生基础设施与居民生活条件密切相关，医疗卫生条件的改善能够改善库区居民的健康状况。医疗卫生条件的改善一方面有助于提高库区人力资本水平，另一方面可以减少居民医疗卫生支出。这"一增一减"的关联表现使得卫生基础设施发展对库区居民收入表现出积极提升作用。

5.3.2 异质性分析

由于地区之间、城乡之间的资源禀赋、经济发展水平、居民消费倾向等方方面面的差异，同类基础设施在不同地区可能会对居民收入产生差异化影响。鉴于此，本书从地区异质性和城乡异质性角度考察各类基础设施发展对居民收入增长的异质性影响。

5.3.2.1 地区异质性分析

三峡库区各区县在资源禀赋、经济发展水平方面有较大差距，如2015年人均地区生产总值最高的渝北区（78139元）是人均地区生产总值最低的巫溪县（18741元）的4.17倍，即便同样是在库腹地区的万州区人均地区生产总值（51570元）也是巫溪县的2.75倍。由于各地区处在不同的经济发展阶段，基础设施供给能力与城乡居民对基础设施的需求也是有所差异的。因此，本书基于基础设施增收效应的基础模型，进一步考察其地区异质性，如表5.4所示。

表5.4 基于地区异质性的回归估计结果

地区	EDU	TRAN	ENER	INFO	SCHO	HOSP	Cons
渝北	2.96*** (15.7)	0.09** (2.81)	0.03 (0.42)	0.27*** (6.99)	-0.52* (-1.83)	0.07** (2.44)	1.70* (2.03)
巴南	3.95*** (3.88)	0.03 (0.77)	-0.07 (-0.47)	0.40*** (3.68)	-0.82 (-0.51)	-0.08* (-1.79)	-0.97 (-0.61)
江津	3.98** (2.86)	0.08 (0.86)	0.65* (1.80)	0.13 (1.11)	0.77 (1.56)	0.20* (1.66)	-7.69** (-2.17)
长寿	7.56*** (3.61)	-0.03 (-0.35)	-0.09 (-0.56)	-0.51 (-0.57)	-0.57*** (-2.84)	-0.01 (-0.10)	-4.41 (-1.38)
武隆	3.59*** (4.02)	-0.04 (0.57)	0.27* (1.93)	-0.06 (-0.49)	-1.26*** (-3.57)	-0.10 (-0.89)	3.66 (1.73)
巫溪	3.31*** (3.96)	-0.01 (-0.40)	-0.01 (-0.08)	0.23** (2.59)	-0.38** (-2.08)	-0.10 (-1.54)	2.02 (1.71)
石柱	2.47 (1.63)	-0.03 (-0.35)	0.19 (1.57)	0.38** (2.84)	-0.80** (-2.22)	-0.10 (-0.87)	2.91 (0.93)
万州	-0.66 (-0.47)	0.21 (1.05)	1.52*** (6.36)	0.43*** (4.91)	-0.02 (-0.06)	0.12 (0.76)	-4.31 (-1.01)
涪陵	1.41* (2.00)	0.67*** (3.68)	-0.46 (-1.79)	0.36*** (3.74)	-0.06 (-0.19)	0.13 (1.18)	5.19** (2.59)

表5.4(续)

地区	EDU	TRAN	ENER	INFO	SCHO	HOSP	Cons
丰都	3.37** (3.11)	0.29** (2.49)	0.36* (2.00)	0.14 (1.64)	0.13 (0.33)	0.05* (1.76)	-2.21 (-0.92)
忠县	1.58 (0.61)	0.27** (2.62)	0.09 (0.75)	0.29** (2.98)	-0.12 (-0.19)	-0.25 (-1.52)	3.86 (0.60)
开州	1.73 (0.84)	0.04 (0.67)	0.09 (0.73)	0.44** (2.29)	-0.80*** (-3.28)	0.01 (0.07)	4.44 (1.11)
云阳	-0.31 (-0.19)	0.30** (2.89)	0.02 (0.41)	0.41*** (3.71)	-0.32 (-1.59)	0.02 (0.79)	7.29** (2.05)
奉节	4.79** (2.35)	0.02 (0.56)	-0.05 (-0.34)	0.36*** (5.28)	-0.08 (-0.25)	0.08* (1.79)	-2.67 (-0.64)
巫山	0.83 (0.80)	-0.12 (-0.50)	0.54* (1.98)	0.33 (1.44)	0.28 (0.49)	-0.24 (-1.42)	1.57 (0.44)

注：*、**、*** 分别表示在10%、5%、1%的条件下显著，随机效应模型为卡方检验。

地区异质性会导致各类基础设施发展对居民收入的影响呈现地区差异化影响。

在交通基础设施方面，渝北、涪陵、丰都、忠县、云阳5个区县交通基础设施发展对提升居民收入水平有显著正向作用，其中涪陵的交通基础设施发展对居民收入增长的影响最大；巴南、江津、长寿、武隆、巫溪、石柱、万州、开州、奉节、巫山10个区县交通基础设施发展对居民收入增长虽然以正向作用为主，但未表现出显著的统计特征。在库区交通基础设施增收效应的空间表现上，地区交通节点区县的交通基础设施发展对提高居民收入影响更为明显。在交通节点区县，例如渝北、涪陵等区县的交通基础设施发展对居民收入的提高能够起到显著促进作用，而其他非交通节点或枢纽区县的基础设施发展对居民收入增长的正向影响比较有限。

在能源基础设施方面，江津、武隆、万州、丰都、巫山5个区县能源基础设施发展对居民收入增长的影响显著为正，其中万州能源基础设施发展对提升居民收入影响最大；渝北、巴南、长寿、巫溪、石柱、涪陵、忠县、开州、云阳、奉节10个区县的能源基础设施发展对居民收入增长并未表现出显著的统计特征。从空间分布来看，能源资源禀赋较好的地区能源基础设施发展对居民收入提升有正向显著影响，且这些地区能源基础设施发展较好，特别是在新能源方面，例如丰都的大唐新能源和凯迪绿色能源、万州的照明电气、江津的华电新能源等发展较好。

在信息基础设施方面，渝北、巴南、巫溪、石柱、万州、涪陵、忠县、开州、云阳、奉节 10 个区县信息基础设施发展对居民收入增长的影响显著为正，其中开州信息基础设施发展对提升居民收入影响最大；江津、长寿、武隆、丰都、巫山 5 个区县信息基础设施发展对居民收入并不存在显著影响。从空间分布来看，库腹地区信息基础设施发展对提升居民收入具有显著的正向影响，究其原因在于库腹地区信息基础设施与居民收入水平相对较低，该地区信息基础设施的更新完善能够较大幅度地提高居民收入。

在教育基础设施方面，渝北、长寿、武隆、巫溪、石柱、开州 6 个区县教育基础设施发展对居民收入增长有积极促进作用，其中武隆县教育基础设施发展对居民收入增长的影响最大；巴南、江津、万州、涪陵、丰都、忠县、云阳、奉节、巫山 9 个区县教育基础设施发展对居民收入增长未表现出显著影响。从空间格局上来看，一般库区教育基础设施发展对居民收入增长具有显著正向影响，而重点库区教育基础设施发展对居民收入增长的具体影响尚不明确。究其原因，一般库区紧邻重庆主城区，受三峡工程搬迁影响较小，教育基础设施水平相对较高，对库区人力资本有稳健提升作用，从而能够显著地促进居民收入增长；重点库区集中在发展相对落后的库腹地区，教育基础设施水平较低，并且受到三峡工程移民搬迁影响，历史因素和现实因素导致了库区教育基础设施相对滞后，这对人力资本的提升作用有限，人口外流现象也相对明显，居民收入增长缺乏内生动力。

在卫生基础设施方面，巴南区卫生基础设施发展对居民收入增长具有促进作用，渝北、江津、丰都、奉节 4 个区县卫生基础设施发展对居民收入增长表现出抑制影响；长寿、武隆、巫溪、石柱、万州、涪陵、忠县、开州、云阳、巫山 10 个区县卫生基础设施发展对居民收入增长的影响效果不明显。从空间分布来看，库腹地区卫生基础设施发展对居民收入的影响较小，基本不显著；毗邻重庆主城区的库区区县卫生基础设施发展对居民收入有显著影响。对于 4 个区县卫生基础设施增收效应的抑制影响，参考陈银娥等（2012）的解释，认为社会性基础设施投资会挤占生产性基础设施发展资源，导致居民收入增速放缓，从而表现出卫生基础设施发展对居民收入增长的负面影响。

5.3.2.2 城乡异质性分析

三峡库区具有典型的城乡二元经济结构，大城市、大农村、大山区、大库区的独特经济地理条件使得库区城乡间不同类型的基础设施对城乡居民收入的影响具有异质性。这一异质性表现在两个方面：其一是地租效应，由于地租不同，在城镇和农村修建一条完全相同的道路，位于城镇的道路的产出水平通常要高于位于农村的道路的产出水平；其二是边际效应，由于存在边际效应递减情况，在城镇和农村修建一条完全相同的道路，基础设施存量相对充足的城镇基础设施边际效应通常要低于基础设施存量相对不足的农村基础设施边际效应。特别是在集中连片贫困的库腹地区，由于当地农村地区基础设施发展滞后，加快基础设施建设对居民改善生产生活条件和提升收入具有较大影响。为进一步分析不同类型基础设施发展对库区城镇和农村居民收入的影响，构建城乡异质性模型，相关回归估计结果如表5.5所示。

表5.5 基于城乡异质性的回归估计结果

变量	Y2	Y3	G1	G2
EDU	2.44 *** (15.27)	2.93 *** (15.12)	2.16 *** (11.83)	0.49 *** (3.57)
TRAN	0.13 *** (8.22)	0.12 *** (6.15)	0.13 *** (7.21)	−0.01(−0.87)
ENER	0.09 *** (2.91)	0.26 *** (6.66)	0.01(0.26)	0.17 *** (6.00)
INFO	0.20 *** (6.72)	0.02(0.64)	0.30 *** (8.66)	−0.18 *** (−6.89)
SCHO	−0.01(−0.20)	−0.30 *** (−3.72)	0.13 * (1.73)	−0.29 *** (−5.02)
HOSP	−0.02(−0.91)	−0.06 ** (−2.50)	−0.01 (−0.10)	−0.04 ** (−2.46)
Cons	2.25 *** (4.92)	1.00 * (1.81)	1.97 *** (3.76)	−1.24 *** (−3.15)
R^2	0.96	0.96	0.94	0.64
Prob. > F	964.73(0.000)	933.04(0.000)	605.89(0.000)	64.51(0.000)
Hausman−test	89.97 (0.000)	78.46 (0.000)	56.15 (0.000)	15.17 (0.018)
# obs.	240	240	240	240

注：*、**、*** 分别表示在10%、5%、1%的条件下显著，随机效应模型为卡方检验。

从交通基础设施来看，交通基础设施发展对城乡居民收入的边际影响均显著为正（$\beta_{2城}$ = 0.13，$P<0.01$；$\beta_{2农}$ = 0.12，$P<0.01$），但交通基础设施发展对城乡居民收入绝对差表现出抑制影响（$\beta_{2绝}$ = 0.13，$P<0.01$），即交通基础设施投资越大，城乡居民收入绝对差越大，对城乡居民收入相对差的影响并不显著。交通基础设施作为基础设施建设中的重要部分，是库区经济社会发展的先行资本，对城乡居民收入的提高有着重要的影响。由于重城镇轻农村的交通基础设施投资偏好，三峡库区农村交通基础设施投资相对较少，农村道路硬化还要靠农村居民集资修建的现象在库区仍然存在。在城乡非均衡的交通基础设施投资下，势必会加大城乡居民收入绝对差。

从能源基础设施来看，能源基础设施发展对城乡居民收入的边际影响均显著为正（$\beta_{3城}$ = 0.09，$P<0.01$；$\beta_{3农}$ = 0.26，$P<0.01$），且能源基础设施对城乡

居民收入相对差的缩小表现出显著正向影响（$\beta_{3相}=0.17$，$P<0.01$），对城乡居民收入绝对差的影响并不显著。城乡能源基础设施的建设，改善了城乡居民的生产生活环境，如库区农村电网的建设，极大地促进了库区农村居民收入水平的提高，对缩小城乡居民收入差距也具有较大影响。

从信息基础设施来看，信息基础设施发展对城镇居民收入的边际影响显著为正（$\beta_{4城}=0.20$，$P<0.01$），对农村居民收入的影响并不显著。原因在于在库区农村留守老人和留守儿童占有较大比重，农村居民受限于文化素质，对信息基础设施的依赖远不及城镇居民对信息基础设施的依赖。库区农村居民对互联网等信息基础设施的利用程度相对较低，容易导致信息基础设施发展对农村居民收入增长的影响不显著。此外，信息基础设施发展对城乡居民收入绝对差和收入相对差的缩小均表现出抑制影响（$\beta_{4绝}=0.30$，$P<0.01$；$\beta_{4相}=-0.18$，$P<0.01$）。在信息基础设施的使用和利用过程中，由于信息基础设施存在一定的技术门槛，熟练工和非熟练工在信息基础设施利用上的表现具有差异。

从教育基础设施来看，教育基础设施发展对农村居民收入增长具有积极提升作用（$\beta_{5农}=-0.30$，$P<0.01$），对城镇居民收入增长的影响并不显著。原因在于，我国基础义务教育的普及和巩固，不断弥合城乡间教育基础设施的差距，农村居民人力资源得到开发和利用，盘活了库区农村居民人力资本，从而表现出教育基础设施发展对农村居民收入增长的积极促进作用。由于教育基础设施发展对农村居民收入增长具有积极促进作用，教育基础设施发展对城乡居民收入绝对差和收入相对差的缩小也表现出了显著改善作用（$\beta_{5绝}=0.13$，$P<0.1$；$\beta_{5相}=-0.29$，$P<0.01$）。这表明，教育基础设施发展有助于缩小城镇居民和农村居民的收入绝对差。

从卫生基础设施来看，卫生基础设施发展对农村居民收入增长具有积极促进作用（$\beta_{6农}=-0.06$，$P<0.05$），对城镇居民收入的影响并不显著。当前三峡库区卫生基础设施整体水平偏低，特别是在农村地区。由于存在城乡卫生基础设施配置的不均衡，卫生基础设施资源集中于城镇，农村大都以村卫生室为主，库区农村卫生室的从业医生大多是乡村赤脚医生转变而来的，其医疗条件、医疗人才都相对不足，农村居民对卫生基础设施的需求较大。在此情况下，增加农村卫生基础设施投资，改善农村卫生基础设施条件能够显著改善农村居民收入条件。改善库区卫生基础设施可以有效缩小库区城乡居民收入相对差（$\beta_{6相}=-0.04$，$P<0.05$），加快库区农村居民收入对城镇居民收入的追赶速度，这对于城乡统筹发展有参考价值。

5.4　本章小结

本章基于三峡库区重庆段 15 个区县 2000—2015 年的相关指标数据，根据明瑟收入决定方程的扩展形式，构建了三峡库区基础设施增收效应的实证分析模型。在实证策略上，本章既分析了不同类型基础设施发展对三峡库区居民收入的总体性影响，又分析了不同地区、城乡之间的基础设施发展对库区居民收入增长的异质性影响，相关分析结果概括如下：

（1）在总体性分析上，各类基础设施发展均对库区居民总体可支配收入增长有促进作用，其中生产性基础设施增收的边际影响整体上比社会性基础设施要高。从各类基础设施增收效应的影响效果来看，能源基础设施每提高 1%，居民收入水平会相应提高 0.22%。继之，信息基础设施增收效应为 0.19%、教育基础设施增收效应为 0.14%、交通基础设施增收效应为 0.12%、卫生基础设施增收效应为 0.07%。

（2）在地区异质性分析上，地区异质性会导致各类基础设施发展对居民收入的影响呈现地区差异化影响。在交通基础设施方面，渝北、涪陵、丰都、忠县、云阳 5 个区县交通基础设施发展对提升居民收入水平有显著正向作用；在能源基础设施方面，江津、武隆、万州、丰都、巫山 5 个区县能源基础设施发展对居民收入增长的影响显著为正；在信息基础设施方面，渝北、巴南、巫溪、石柱、万州、涪陵、忠县、开州、云阳、奉节 10 个区县信息基础设施发展对居民收入增长的影响显著为正；在教育基础设施方面，渝北、长寿、武隆、巫溪、石柱、开州 6 个区县教育基础设施发展对居民收入增长有积极促进作用；卫生基础设施方面，巴南区卫生基础设施发展对居民收入增长具有促进作用，渝北、江津、丰都、奉节 4 个区县卫生基础设施发展对居民收入增长表现出抑制影响。

（3）在城乡异质性分析上，生产性基础设施发展促进了城镇居民和农村居民的收入增长，但也扩大了城乡居民的收入差距；社会性基础设施发展同样促进了城镇居民和农村居民的收入增长，与生产性基础设施有所不同的是，社会性基础设施发展在缩小城乡居民收入差距上表现出积极影响。从交通基础设施来看，交通基础设施发展对城乡居民收入的边际影响均显著为正，但交通基础设施发展对城乡居民收入绝对差表现出抑制影响。从能源基础设施来看，能源基础设施发展对城乡居民收入的边际影响均显著为正，但能源基础设施发展对城乡居民收入相对差的缩小表现出了一定的正向影响；从信息基础设施来看，信息基础设施发展对城镇居民收入的边际影响显著为正，但对城乡居民收入绝对差和收入相对差的缩小均表现出抑制影响；从教育基础设施来看，教育基础设施发展对农村居民收入增长具有积极提升作用，对城乡居民收入绝对差和收入相对差的缩小也表现出了显著改善作用；从卫生基础设施来看，卫生基础设施发展对农村居民收入增长具有积极促进作用，改善库区卫生基础设施可以有效缩小库区城乡居民收入相对差。

第6章 三峡库区基础设施增收效应的时空溢出检验

内生增长理论认为，基础设施增收的原动力不仅体现在投资拉动上，还与基础设施的溢出效应相关，基础设施固有的准公共物品属性在降低企业成本、减少交易摩擦、提高要素报酬、增进互联互通等方面对收入增长起到长期促进作用（丁黄艳 等，2016）。在时间溢出机理上，一方面，基础设施与私人资本存在匹配的有效性问题，对于欠发达地区，基础设施先行策略短期内会导致基础设施供给超过私人资本供给，但随着私人资本集聚，基础设施与私人资本的匹配度不断提高，居民收入水平得以摆脱低水平均衡陷阱，进入更高的稳态水平；另一方面，基础设施的服务供给可以提高凝结在单位劳动力身上的技术水平，使单位劳动力能够提供更多的有效劳动力，从而获取更高的劳动报酬。在空间溢出机理上，基础设施互联互通加速了区域信息传递、市场整合、要素流通等，增强了各个区域要素禀赋的比较优势，完善了产业专业化分工层次，提高了区域整体的要素边际报酬，从而有利于促进居民收入增长。

虽然三峡库区基础设施投资对居民收入增长具有显著的带动作用，但国家和各省市对库区基础设施改善的大力扶持并非恒久持续的[1]，过度依赖基础设施投资对居民收入增长的输血功能，而轻视基础设施发展对居民收入增长的时空溢出效应，会导致库区居民收入增长缺乏内生动力。事实上，三峡库区基础设施赤字包含这两方面的内容，也即规模赤字和服务赤字。规模赤字是指长久以来国家对库区基础设施的投资停滞和库区原有的沿江基础设施被淹没所形成的历史欠账，造成库区基础设施较少，直至 2015 年年底库腹地区仍有 6 个区

---

① 专门针对库区经济社会综合帮扶的两大政策《三峡后续工作规划》《全国对口支援三峡库区合作规划（2014—2020 年）》于 2020 年截止。

县不通铁路①；服务赤字是指库区现有基础设施功能难以满足居民持续增收的客观需求，库区基础设施重建恢复按照"原规模、原标准、原功能"的"三原"政策进行，这导致基础设施建设与经济发展形势脱钩，库区基础设施的服务供给质量不高。2013 年 8 月，国务院三峡工程建设委员会第十八次全体会议研究决定"为适应新形势要求，同意三峡办会同有关部门对三峡后续工作规划进行适当优化完善"。这表明随着经济社会发展层次的提升，三峡库区原有的基础设施投资计划也在不断优化，过往以点带面的发展策略逐渐被代以统筹规划和整体推动，以求提升基础设施内通外联的程度和居民对于基础设施的获得感，从而发挥基础设施对于居民收入增长的时空溢出效应。

本章遵循基础设施增收效应的理论框架，实证检验 2000—2015 年三峡库区基础设施对居民收入增长的时空溢出效应。本书在长期效应检验上，建立面板向量自回归模型，量化分析各类基础设施对居民收入的动态影响路径，从而得出样本期内三峡库区基础设施与居民收入状态的长期关联；在空间效应检验上，建立面板空间计量模型，考虑在不同空间权重矩阵下其他地区基础设施发展对本地居民收入增长的空间影响特征。

6.1　研究基础

6.1.1　基础设施增收效应时空溢出的理论回顾

基础设施增收的长期溢出效应理论根植于两个方面，其一是基于内生经济增长理论考察基础设施对于居民家庭效用最大化的长期稳态水平影响，其二是基于人力资本理论考察基础设施对于单位劳动力技术水平提升的内生促进作用。在内生经济增长理论方面，早期针对基础设施发展与国民收入增长的研究，仅把基础设施作为影响产出的外生因素，譬如索洛的新古典增长模型仅把基础设施归入索洛余量的黑箱；巴罗将基础设施设定为政府提供的公共产品和服务并纳入生产函数模型，从而构建一个包含基础设施因素的内生经济增长模型，其后，Barro 等（1992）进一步扩展了基础设施与私人资本之间的匹配情况，并考虑处于拥塞状态的基础设施对国民收入增长的长期影响；娄洪基于经济增长理论构建了一个包含基础设施外生和内生、基础设施拥挤和充足状态

---

① 库腹地区尚未开通铁路客运服务的区县有：忠县、开州、云阳、奉节、巫山、巫溪。

时，基础设施对居民家庭效用水平的长期影响；Hulten 等人将基础设施加入技术进步因素之中，通过构建一个标准的希克斯中性效率函数来使生产边界外移，侧重于分析基础设施投资在促进经济增长方面的长期性和延续性。在人力资本理论方面，明瑟从微观视角考察了人力资本的构成，建立了包含受教育水平和社会经验的明瑟收入决定方程，其中受教育水平和社会经验受到基础设施的长期影响，继之在明瑟收入决定方程的扩展形式中，基础设施成为解释居民收入增长的核心变量；卢卡斯从宏观视角考察了人力资本与国民收入增长的"干中学"长期关系，其中人力资本累积的初始条件便是由教育、卫生等社会性基础设施所提供的人力资本累积服务。

基础设施增收的空间溢出效应理论与基础设施的网络属性和劳动力的空间竞争相关。Krugman（1991）认为贸易经济体间的联系与地理学第一定律密切相关，空间相邻经济体的经济协同发展要好于各自为政，因而减少经济体间要素和市场转换成本，增强经济体间规模溢出有利于达成共享发展。Acemoglu 等（2015）认为现代经济体间的经济布局具有网络化特征，基础设施能够降低网络结节点之间的冰山成本，提升了信息溢出的规模和速度，表现出正向网络溢出效应。基础设施网络溢出的外在表现是区域间经济辐射范围的扩大和辐射能力的提升，而内在原因是基础设施降低了区域间的通勤成本并提高了市场信息的传递速度（张学良，2012）。在竞争机制作用下，若不考虑闲暇时间效用，那么理性居民总是倾向于得到更高的边际劳动报酬，从而驱动要素在空间上自由流动，呈现帕累托效率改进状态。

在理论回顾中可以看到，时空溢出效应是基础设施增收的长期可持续动力，能够达到基础设施有序发展和居民收入持续增长的相互增益效果。当代基础设施发展模式在遵循经济规律的前提下更加注重大范围、高起点地统筹规划，在带动居民收入短期增长的同时，能够持续拓展居民收入来源，从而发挥出基础设施增收的时空溢出效应。

6.1.2 基础设施增收效应时空溢出的方法梳理

基础设施增收效应长期溢出的方法多采用动态分析模型。Srithongrung（2013）运用面板向量自回归模型分析了高速公路对资本回报率的长期溢出作用；Ahlfeldt 等（2014）在分析交通基础设施与国民收入的动态交互影响时，也同样采用面板向量自回归模型；王自锋等（2014）在量化我国基础设施的长期溢出效应时，采用了面板工具变量法，但其择定的工具变量仍是基础设施滞后项；李慧玲、徐妍（2016）在分析我国基础设施的长期减贫效应时，运用面板向量自回归模型得出基础设施发展对农村居民收入具有长期溢出效应。

基础设施增收效应空间溢出的方法主要分为两类：一类是在引力-边界模型基础上引入基础设施和邻接效应，进而分析基础设施发展对国民收入增长的影响；另一类是运用空间计量模型来实证基础设施发展对经济增长空间外部性影响。在引力-边界模型分析框架下，研究人员对交通基础设施发展与地区贸易边界效应进行了实证研究，研究结果认为交通基础设施的发达程度与地区贸易边界效应高低呈反比：交通基础设施越发达，地区贸易边界效应越低，交通基础设施发展对区域经济一体化进程的促进作用显著（刘育红 等，2014）。在空间计量模型分析框架下，研究人员用空间滞后模型分析了交通基础设施对经济增长的空间溢出效应，认为中国交通基础设施存在显著空间溢出效应，并认为政府在政策制定过程中应考虑基础设施发展与收入增长的空间关系（骆永民 等，2012；丁黄艳，2016）。

本章关于三峡库区基础设施增收效应的时空溢出检验，旨在量化各类基础设施对居民收入的长期效应和空间效应。因此，借鉴已有成熟的计量模型，采用面板向量自回归模型考察三峡库区基础设施发展对居民收入增长的长期影响，采用面板空间计量模型测度三峡库区基础设施增收的空间溢出效应。

6.2 三峡库区基础设施增收的长期效应

6.2.1 模型与数据

面板向量自回归（panel vector auto-regression，PVAR）模型是在非平稳变量的面板数据模型基础上改进而来的，通过添加变量滞后期为工具变量来解决模型设定的内生性问题，其贡献在于将变量间的静态单向影响扩展成为动态交互影响，并可观测由于某个变量冲击所引起的其他变量的中长期响应路径。Holtz-Eakin 等（1988）最早构建了 PVAR 模型，并采用广义矩估计方法进行参数估计，如式（6.1）所示：

$$y_{i,t} = \alpha_{0,t} + \sum_{l=1}^{m} \alpha_{l,t} y_{i,t-l} + \sum_{l=1}^{m} \beta_{l,t} x_{i,t-l} + \gamma_i f_i + \mu_{i,t} \tag{6.1}$$

其中，下标 i（$i=1, 2, \cdots, N$）、t（$t=1, 2, \cdots, T$）表示样本的个体和时间，l 为滞后期数，f_i 表示不可观测的个体异质性，$\alpha_{0,t}$、$\alpha_{l,t}$、$\beta_{l,t}$、γ_i 为待估参数。在截面个体数小于时间序列数的条件下，即 $i<s$ 时，误差项与变量间的正交矩阵有以下性质：

$$E[y_{i,s}\mu_{i,t}] = E[x_{i,s}\mu_{i,t}] = E[f_i\mu_{i,t}] = 0 (i < s) \qquad (6.2)$$

Pesaran 和 Smith（1995）与 Binder 等（2005）运用扩展广义矩估计与准极大似然估计方法弥补了 PVAR 模型截面个体数大于时间序列数时（$i > s$）的估计有效性，并对 PVAR 模型进行修正，如式（6.3）所示：

$$W_{i,t} = \varphi W_{i,t-l} + (I_m - \varphi)\mu_i + \varepsilon_{i,t} \qquad (6.3)$$

其中，$W_{i,t}$ 为变量的 $p \times 1$ 维的变量矩阵，$W_{i,t-l}$ 为（$p \times l$）$\times 1$ 维矩阵，φ 为 $p \times$（$p \times l$）维的参数矩阵，μ_i 表示 N 维个体固定效应组。综合式（6.1）、式（6.3）可以将 PVAR 模型表达为

$$y_{i,t} = \alpha_0 + \sum_{l=1}^{m} \alpha_l y_{i,t-l} + \sum_{l=1}^{m} \beta_l x_{i,t-l} + \eta_i + \upsilon_t + \varepsilon_{i,t} \qquad (6.4)$$

由于 PVAR 模型能够模拟核心变量间的交互影响，并保持核心变量滞后期数一致，所以在考虑非滞后期控制变量影响的条件下，式（6.4）可简写为

$$g_{i,t} = \varphi_0 + \sum_{l=1}^{m} \varphi_l g_{i,t-l} + \sum_{k=1}^{K} \rho_k z_k + \eta_i + \upsilon_t + \varepsilon_{i,t} \qquad (6.5)$$

其中，g 为核心变量组，z 为控制变量组，φ、ρ 为变量的回归系数，η_i、υ_t 分别代表受控制的个体、时间固定效应，l、m 分别为核心变量的滞后期和最大滞后期，K 表示控制变量的个数，$\varepsilon_{i,t} \sim i.i.d (0, \sigma^2)$。

为消除 PVAR 模型在广义矩估计和脉冲响应分析中的个体和时间固定效应，采用 Love 和 Zicchino（2006）的处理方法对数据进行赫尔默特（Helmert）转换，转换形式如式（6.6）所示：

$$g_{i,t}^H = \sqrt{\frac{T-t}{T-t+1}}\left(g_{i,t} - \frac{1}{T-t}\sum_{\tau=t+1}^{T} g_{i,\tau}\right) \qquad (6.6)$$

指标选取和数据来源均与前章实证分析相同。为考察基础设施对不同收入群体的长期效应，本章将实证分析变量组分为 5 组，分别为：基础设施对居民总体可支配收入的长期影响（$Y1$、EDU、TRAN、ENER、INFO、SCHO、HOSP）、基础设施对城镇居民可支配收入的长期影响（$Y2$、EDU、TRAN、ENER、INFO、SCHO、HOSP）、基础设施对农村居民纯收入的长期影响（$Y3$、EDU、TRAN、ENER、INFO、SCHO、HOSP）、基础设施对城乡居民收入绝对差的长期影响（$G1$、EDU、TRAN、ENER、INFO、SCHO、HOSP）、基础设施对城乡居民收入相对差的长期影响（$G2$、EDU、TRAN、ENER、INFO、SCHO、HOSP）。

6.2.2 实证分析

6.2.2.1 单位根检验与协整检验

为识别 PVAR 模型中可能存在的伪回归现象，对各指标的面板数据进行面板单位根检验，分别采用 LLC（Levin-Lin-Chu）、IPS（Im-Pesaran-Shin）、ADF（Augmented-Dickey-Fuller）、PP（Phillips-Perron）四种方法对三峡库区面板数据进行平稳性检验，以增强结果的稳健性。具体检验结果如表 6.1 所示。

表 6.1　面板单位根检验结果

变量	(L, C, T)	LLC	IPS	ADF	PP	检验结果
$Y1$	$(0, 1, 1)$	4.09	3.75	11.77	13.62	不平稳
$\Delta Y1$	$(1, 1, 0)$	−7.33***	−6.12***	98.64***	104.18***	平稳
$Y2$	$(0, 1, 0)$	−4.94***	1.14	22.96	30.99	不平稳
$\Delta Y2$	$(1, 1, 0)$	−9.88***	−7.52***	107.51***	123.23***	平稳
$Y3$	$(0, 1, 1)$	−7.04***	−5.35***	76.04***	94.75***	平稳
$\Delta Y3$	$(1, 1, 0)$	−12.86***	−10.06***	140.36***	174.33***	平稳
$G1$	$(0, 1, 1)$	−2.46***	−0.20	50.35**	56.14***	不平稳
$\Delta G1$	$(1, 1, 0)$	−8.83***	−6.48***	102.60***	133.61***	平稳
$G2$	$(0, 1, 1)$	3.15	4.67	5.56	7.52	不平稳
$\Delta G2$	$(1, 1, 0)$	−10.98***	−8.11***	120.51***	181.18***	平稳
EDU	$(0, 1, 1)$	−3.58***	−0.60	32.28	17.42	不平稳
ΔEDU	$(1, 1, 0)$	−8.87***	−5.13***	78.68***	44.30**	平稳
TRAN	$(0, 1, 1)$	−1.74**	−1.17	50.53**	44.67**	不平稳
ΔTRAN	$(1, 1, 0)$	−10.27***	−9.17***	134.29***	164.08***	平稳
ENER	$(0, 1, 1)$	−3.77***	−3.41***	56.53***	39.48	不平稳
ΔENER	$(1, 1, 0)$	−13.08***	−10.01***	141.14***	154.42***	平稳
INFO	$(0, 1, 1)$	−3.67***	0.02	28.35	35.20	不平稳
ΔINFO	$(1, 1, 0)$	−8.22***	−6.70***	101.10***	118.62***	平稳
SCHO	$(0, 1, 1)$	−4.08***	−1.61	41.36*	55.84***	不平稳
ΔSCHO	$(1, 1, 0)$	−11.04***	−9.26***	129.65***	129.74***	平稳

表6.1(续)

变量	(L, C, T)	LLC	IPS	ADF	PP	检验结果
HOSP	(0, 1, 1)	−6.31***	−1.04	81.54***	112.14***	不平稳
ΔHOSP	(1, 1, 0)	−12.05***	−11.29***	159.29***	218.56***	平稳

注:*、**、***分别表示在10%、5%、1%的显著水平上通过检验。括号内为对应检验方式的统计量值。

    表6.1显示,指标数据的四种面板单位根检验皆表明是一阶单整过程,为I(1)平稳序列,表明被解释变量与解释变量之间的动态交互影响与脉冲响应分析不存在伪回归情况。其中,被解释变量农村居民纯收入($Y3$)既是零阶单整又是一阶单整,该变量可能并不适合动态交互影响的脉冲响应分析,具体结论则需进一步分析解释。在确定解释变量与解释变量同阶单整后,对二者进行面板协整检验,以确定二者是否存在长期均衡关系。根据Pedroni方法和Kao方法进行变量间协整检验,依据不同被解释变量建立以下5组协整方程,在残差基础上构造5个统计量。相关结果如表6.2所示,可以看到,在组间、组内以及Kao检验下,居民总体可支配收入与解释变量、农村居民纯收入与解释变量、城乡居民收入绝对差与解释变量、城乡居民收入相对差与解释变量的协整关系均显著,各被解释变量与解释变量之间均存在长期稳定的均衡关系。

表6.2　面板协整检验结果

协整变量组	Pedroni -Test				Kao-Test	检验结果
	Panel-PP	Panel-ADF	Group-PP	Group-ADF	ADF	
$Y1$,EDU,TRAN,ENER,INFO,SCHO,HOSP	−2.13**	−2.63***	−6.70***	−2.41***	−5.51***	显著
$Y2$,EDU,TRAN,ENER,INFO,SCHO,HOSP	−3.01***	−3.93***	−6.28***	−4.20***	−5.24***	显著
$Y3$,EDU,TRAN,ENER,INFO,SCHO,HOSP	−2.90***	−2.22**	−6.51***	−3.59***	−5.56***	显著
$G1$,EDU,TRAN,ENER,INFO,SCHO,HOSP	−4.10***	−4.75***	−6.48***	−5.07***	−6.85***	显著
$G2$,EDU,TRAN,ENER,INFO,SCHO,HOSP	−4.80***	−4.81***	−9.06***	−5.74***	−2.19**	显著

注:**、***分别表示在5%、1%的显著水平上通过检验。

6.2.2.2　判定最优滞后期

    在对PVAR模型进行参数估计时,由于事先无法确定被解释变量与解释变量的滞后阶数,因此分别模拟出被解释变量与解释变量滞后一到四期时的AIC

（Akaike information criterion，赤池信息准则）、BIC（Bayesian information criterion，贝叶斯信息准则）、QIC（quasi-likelihood information criterion，准似然信息准则），再根据 AIC、BIC、QIC 值的收敛性，最终确定居民总体可支配收入与解释变量的最优滞后期、农村居民纯收入与解释变量、城乡居民收入绝对差与解释变量、城乡居民收入相对差与解释变量的动态交互影响的最优滞后期均为一期，如表 6.3 所示。

表 6.3　基于 AIC、BIC、QIC 准则的最优滞后期择定

变量	滞后期	AIC	BIC	QIC
Y1,EDU,TRAN,ENER,INFO,SCHO,HOSP	L1.	−228.21[†]	−58.36[†]	−127.19[†]
	L2.	−179.33	−51.94	−103.56
	L3.	−128.61	−43.69	−78.10
	L4.	−65.17	−22.71	−39.92
Y2,EDU,TRAN,ENER,INFO,SCHO,HOSP	L1.	−228.04[†]	−58.18[†]	−127.01[†]
	L2.	−183.24	−55.85	−107.48
	L3.	−131.22	−46.29	−80.70
	L4.	−70.01	−27.55	−44.76
Y3,EDU,TRAN,ENER,INFO,SCHO,HOSP	L1.	−229.50[†]	−59.65[†]	−128.47[†]
	L2.	−167.98	−40.59	−92.21
	L3.	−118.39	−33.46	−67.87
	L4.	−55.75	−13.29	−30.49
G1,EDU,TRAN,ENER,INFO,SCHO,HOSP	L1.	−237.41[†]	−67.55[†]	−136.38[†]
	L2.	−176.81	−49.42	−101.04
	L3.	−125.48	−40.55	−74.97
	L4.	−66.42	−23.96	−41.16
G2,EDU,TRAN,ENER,INFO,SCHO,HOSP	L1.	−230.98[†]	−61.13[†]	−129.95[†]
	L2.	−174.97	−47.58	−99.21
	L3.	−117.75	−32.83	−67.24
	L4.	−57.12	−14.65	−31.86

注：[†]表示最优滞后期。

6.2.2.3　PVAR 模型估计结果

通过上述分析，各被解释变量与解释变量的最优滞后期为一期，故在滞后一期的情况下，通过面板 VAR 模型估计分析各被解释变量与解释变量间的动态关系，具体 PVAR 模型估计结果见表 6.4。

表 6.4 中的参数估计显示，当以居民总体可支配收入为响应变量时，滞后一期居民总体可支配收入对当期居民总体可支配收入的动态影响为 1.49，提升作用显著；滞后一期就业人员平均受教育年限对当期居民总体可支配收入的动态影响为 3.16，支撑作用显著；滞后一期交通基础设施对当期居民总体可支配收入的动态影响为 0.35，提升作用显著；滞后一期能源基础设施对当期居民总体可支配收入的动态影响为 0.06，支撑作用不显著；滞后一期信息基础设施对当期居民总体可支配收入的动态影响为 0.25，支撑作用显著；滞后一期教育基础设施对当期居民总体可支配收入的动态影响为 −0.03，支撑作用不显著；滞后一期卫生基础设施对当期居民总体可支配收入的动态影响为 −0.02，支撑作用不显著。

表 6.4　PVAR 模型估计结果

变量	$Y1$	$Y2$	$Y3$	$G1$	$G2$
$L.Y1$	1.49 *** (7.60)	—	—	—	—
$L.Y2$	—	1.28 *** (7.41)	—	—	—
$L.Y3$	—	—	4.99 (1.04)	—	—
$L.G1$	—	—	—	0.91 *** (9.65)	—
$L.G2$	—	—	—	—	0.84 *** (6.13)
$L.EDU$	3.16 *** (4.27)	2.03 *** (3.16)	1.86 (0.89)	0.71 ** (2.30)	−0.28 (−1.22)
$L.TRAN$	0.35 *** (3.34)	0.09 (1.43)	−0.43 (−0.73)	0.02 (0.86)	0.03 ** (2.09)
$L.ENER$	0.06 (1.86)	0.05 *** (2.94)	2.21 (0.93)	−0.05 (−1.27)	−0.06(−1.01)
$L.INFO$	0.25 *** (4.85)	0.15 *** (4.07)	1.43 (1.01)	0.11 *** (3.03)	0.09 * (1.77)
$L.SCHO$	−0.03 (−1.32)	−0.13 (−1.34)	−0.11 (−0.42)	0.12 (1.37)	0.02 (0.32)
$L.HOSP$	−0.02 (−0.88)	−0.01 (−0.65)	−0.01 (−0.02)	−0.01 (−0.27)	−0.02 (−1.28)

注：*、**、*** 分别表示在 10%、5%、1%的显著水平上通过检验，括号内为 t 检验值。

当以城镇居民可支配收入为响应变量时，滞后一期城镇居民可支配收入对当期城镇居民可支配收入的动态影响为 1.28，提升作用显著；滞后一期就业人员平均受教育年限对当期城镇居民可支配收入的动态影响为 2.03，支撑作用显著；滞后一期交通基础设施对当期城镇居民可支配收入的动态影响为 0.09，提升作用不显著；滞后一期能源基础设施对当期城镇居民可支配收入的动态影响为 0.05，支撑作用显著；滞后一期信息基础设施对当期城镇居民可支配收入的动态影响为 0.15，支撑作用显著；滞后一期教育基础设施对当期城镇居民可支配收入的动态影响为-0.13，支撑作用不显著；滞后一期卫生基础设施对当期城镇居民可支配收入的动态影响为-0.01，支撑作用不显著。

当以农村居民纯收入为响应变量时，滞后一期农村居民纯收入、平均受教育年限、交通基础设施、能源基础设施、信息基础设施、教育基础设施、卫生基础设施对当期农村居民纯收入的支撑作用均不显著。原因在于农村居民大多没有固定职业和收入来源，前一期的农村居民收入和基础设施对当期农村居民收入影响并不大。

当以城乡居民收入绝对差为响应变量时，滞后一期城乡居民收入绝对差对当期城乡居民收入绝对差的动态影响为0.91，提升作用显著；滞后一期就业人员平均受教育年限、信息基础设施对当期城乡居民收入绝对差的动态影响分别为0.71、0.11，具有显著影响；滞后一期交通基础设施、能源基础设施、教育基础设施、卫生基础设施对当期城乡居民收入绝对差的动态影响均不显著。

当以城乡居民收入相对差为响应变量时，滞后一期城乡居民收入相对差对当期城乡居民收入相对差的动态影响为0.84，影响效果显著；滞后一期交通基础设施、信息基础设施对当期城乡居民收入相对差的动态影响分别为0.03、0.09，具有显著影响；滞后一期就业人员平均受教育年限、能源基础设施、教育基础设施、卫生基础设施对当期城乡居民收入相对差的动态影响均不显著。

6.2.2.4 脉冲响应分析

为探索三峡库区基础设施变动对居民收入增长的冲击响应路径，运用正交脉冲响应函数，通过500次蒙特卡罗模拟，得到交通基础设施、能源基础设施、信息基础设施、教育基础设施、卫生基础设施对居民总体可支配收入、城镇居民可支配收入、农村居民纯收入、城乡居民收入绝对差、城乡居民收入相对差的脉冲响应路径图，其中横轴为变量响应周期，纵轴为变量响应幅度。

图6.1分别显示的是三峡库区不同类型基础设施对居民总体可支配收入的脉冲响应效果。从图6.1中可以看出：就交通基础设施来看，交通基础设施对居民总体可支配收入的脉冲冲击呈倒"U"形趋势，且冲击响应值为正，在初期交通基础设施对居民总体可支配收入的冲击呈上升趋势，第5期响应值达到最大值0.0278个单位，之后响应值呈下降趋势；就能源基础设施来看，能源基础设施对居民总体可支配收入的脉冲冲击响应值为正，且较为平缓，在第4期达到最高值，之后呈缓慢下降趋势；信息基础设施对居民总体可支配收入的脉冲冲击呈倒"U"形趋势，冲击响应值先是为正，在第3期达到最大值，在第8期后变为负值；教育基础设施对居民总体可支配收入的脉冲冲击呈正

"U" 形趋势，冲击响应值为负，在第 4 期达到最低值，之后呈缓慢上升趋势；卫生基础设施对居民总体可支配收入的脉冲冲击也呈正 "U" 形趋势，冲击响应值为负，在第 4 期达到最低值，之后呈缓慢上升趋势。从数据检验的结果可以发现：在短期响应时期中，交通基础设施、能源基础设施、信息基础设施对居民总体可支配收入表现出积极响应，教育基础设施和卫生基础设施对居民总体可支配收入表现出负向响应。从长期来看，这种正向和负向影响会有所减弱。

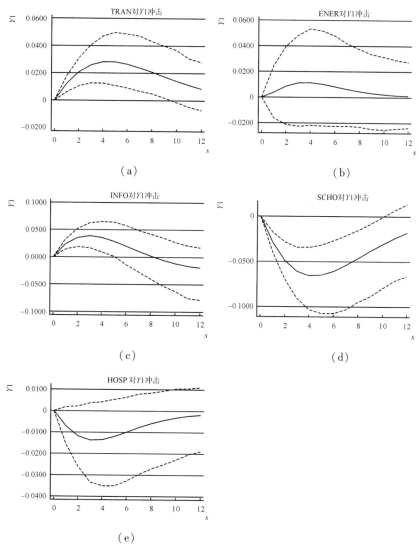

（a） （b）

（c） （d）

（e）

图 6.1　三峡库区基础设施对居民总体可支配收入的脉冲响应路径图

注：虚线内区间为估计参数的 95% 置信区间。后同。

图 6.2 分别显示的是三峡库区不同类型基础设施对城镇居民可支配收入的脉冲响应效果。从图 6.2 中可以看出：就交通基础设施来看，交通基础设施对城镇居民可支配收入的脉冲冲击呈倒"U"形趋势，且冲击响应值为正，第 5 期响应值达到最大值 0.0346 个单位，之后响应值呈下降趋势；就能源基础设施来看，能源基础设施对城镇居民可支配收入的脉冲冲击初期为负，在第 3 期后转为正值，在第 8 期达到最高值（0.0183）之后呈缓慢下降趋势；信息基础设施对城镇居民可支配收入的脉冲冲击与能源基础设施相反，先是正向冲击，在第 3 期达到最大值后呈下降趋势，到第 8 期之后变为负值；教育基础设施对城镇居民可支配收入的脉冲冲击呈正"U"形趋势，冲击响应值为负，在第 5 期达到最低值，之后呈缓慢上升趋势；卫生基础设施对城镇居民可支配收入的脉冲冲击也呈正"U"形趋势，冲击响应值为负，在第 5 期达到最低值，之后呈缓慢上升趋势。从数据检验的结果可以发现：在短期响应时期中，交通基础设施、信息基础设施对城镇居民可支配收入表现出正向响应，能源基础设施、教育基础设施和卫生基础设施对城镇居民可支配收入表现出负向响应。从长期来看，交通基础设施、能源基础设施对城镇居民可支配收入具有正向冲击影响，信息基础设施、教育基础设施和卫生基础设施对城镇居民可支配收入呈负向冲击影响。

图 6.3 分别显示的是三峡库区不同类型基础设施对农村居民纯收入的脉冲响应效果。从图 6.3 中可以看出：交通基础设施、能源基础设施、信息基础设施、教育基础设施和卫生基础设施对农村居民纯收入的脉冲冲击响应值趋于 0，各类型基础设施对农村居民纯收入的影响并不显著。从表 6.1 面板单位根检验来看，由于农村居民纯收入单位根零阶单整，与基础设施并非同阶单整，故基础设施对农村居民纯收入进行脉冲响应分析的效果欠佳。

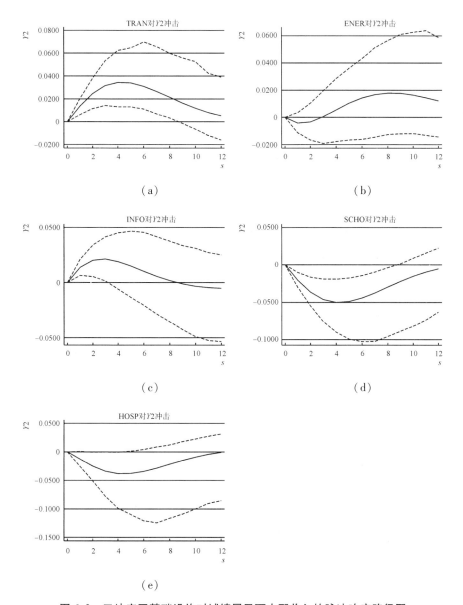

图 6.2　三峡库区基础设施对城镇居民可支配收入的脉冲响应路径图

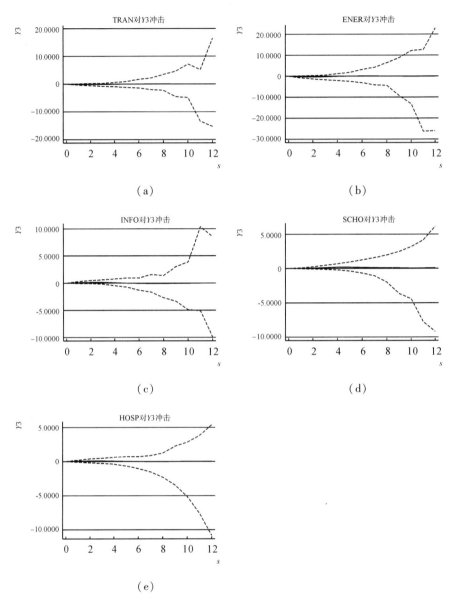

图 6.3 三峡库区基础设施对农村居民纯收入的脉冲响应路径图

图 6.4 分别显示的是三峡库区不同类型基础设施对城乡居民收入绝对差的脉冲响应效果。从图 6.4 中可以看出：就交通基础设施来看，交通基础设施对城乡居民收入绝对差的脉冲响应呈倒"U"形趋势，冲击响应值为正，第 4 期响应值达到最大值，之后响应值呈下降趋势；能源基础设施对城乡居民收入绝对差的脉冲冲击呈正"U"形趋势，冲击响应值为负，在第 5 期达到最低值之后呈缓慢上升趋势；信息基础设施对城乡居民收入绝对差的脉冲冲击呈先上升后下降的趋势，在第 3 期达到最大值后呈下降趋势；教育基础设施对城乡居民收入绝对差的脉冲冲击呈倒"U"形趋势，冲击响应值为正，在第 4 期达到最大值之后响应值呈下降趋势；卫生基础设施对城乡居民收入绝对差的脉冲冲击呈正"U"形趋势，初期冲击响应值为正，在不到 1 期的时候下降为负，在第 4 期达到最低值之后呈缓慢上升趋势，到第 9 期转变为正向冲击。从数据检验的结果可以发现：在短期响应时期中，交通基础设施、信息基础设施和教育基础设施对城乡居民收入绝对差表现出正向响应，能源基础设施和卫生基础设施对城乡居民收入绝对差表现出负向响应。从长期来看，交通基础设施对城乡居民收入绝对差的冲击趋于平稳，长期影响并不显著；能源基础设施对城乡居民收入绝对差具有长期负向冲击影响；信息基础设施、教育基础设施和卫生基础设施对城乡居民收入绝对差具有长期正向冲击影响。

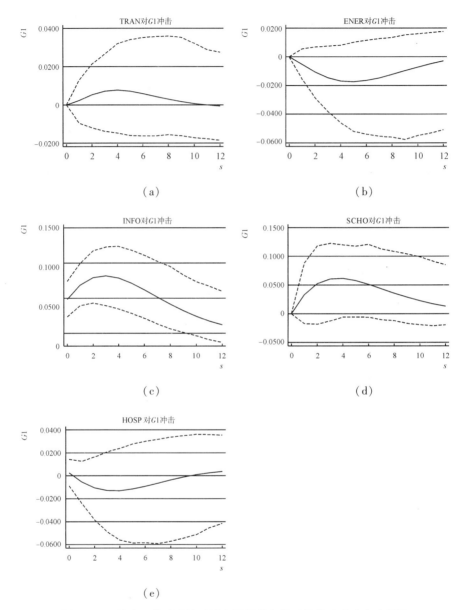

图 6.4 三峡库区基础设施对城乡居民收入绝对差的脉冲响应路径图

图 6.5 分别显示的是三峡库区不同类型基础设施对城乡居民收入相对差的脉冲响应效果。从图 6.5 中可以看出：就交通基础设施来看，交通基础设施对城乡居民收入相对差的脉冲冲击呈倒"U"形趋势，且冲击响应值为正，第 5 期响应值达到最大值，之后响应值呈下降趋势；能源基础设施对城乡居民收入相对差的脉冲冲击呈先下降后上升趋势，初期冲击响应值为负，在第 2 期达到最小值后呈缓慢下降趋势，在第 7 期之后，冲击响应值转负为正；信息基础设施对城乡居民收入相对差的脉冲冲击呈倒"U"形趋势，冲击响应值为正，第 3 期响应值达到最大值，之后响应值呈下降趋势；教育基础设施对城乡居民收入相对差的脉冲冲击冲击响应值为正，但冲击影响较为平缓，在第 4 期达到最高值，之后呈缓慢下降趋势；卫生基础设施对城乡居民收入相对差的脉冲冲击与能源基础设施相似，呈先下降后上升趋势，初期冲击响应值为负，在第 2 期达到最小值后呈缓慢下降趋势，在第 5 期之后，冲击响应值转负为正。从数据检验的结果可以发现：在短期响应时期中，交通基础设施、信息基础设施和教育基础设施对城乡居民收入相对差表现出正向冲击，能源基础设施和卫生基础设施对城乡居民收入相对差表现出负向冲击。从长期来看，所有类型基础设施对城乡居民收入相对差均表现出正向冲击，但教育基础设施、能源基础设施对城乡居民收入相对差的长期影响较弱，交通基础设施、信息基础设施和卫生基础设施对城乡居民收入相对差具有长期正向冲击影响。

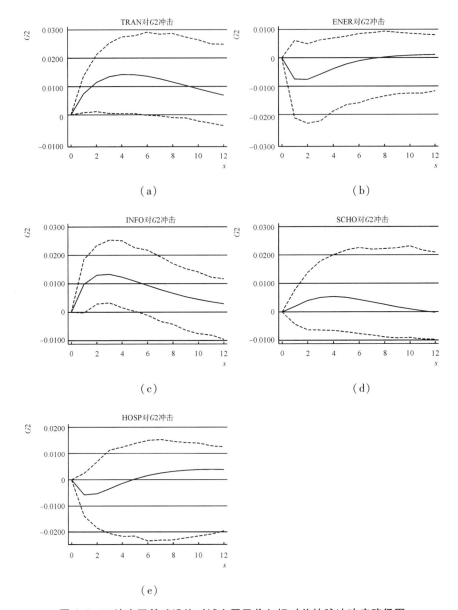

图 6.5 三峡库区基础设施对城乡居民收入相对差的脉冲响应路径图

6.2.2.5 预测方差分解

在脉冲响应分析基础上，进一步运用预测方差分解法来分析基础设施冲击对居民收入变动的长期贡献率，提取第 2、4、6、8、10、12 期的数据结果进行典型分析，如表 6.5 所示。数据显示，基础设施对居民收入长期影响贡献率在 12 期后逼近稳定状态。

表 6.5　预测方差分解表

变量	s	Y/G	EDU	TRAN	ENER	INFO	SCHO	HOSP
$Y1$	2	83.69%	3.45%	8.94%	2.31%	1.02%	0.03%	0.56%
$Y1$	4	58.86%	12.16%	16.20%	5.87%	4.31%	0.27%	2.33%
$Y1$	6	46.98%	19.00%	15.47%	6.74%	6.69%	1.85%	3.27%
$Y1$	8	41.00%	23.17%	13.82%	6.31%	7.61%	4.60%	3.49%
$Y1$	10	37.92%	24.92%	12.78%	5.87%	7.59%	7.50%	3.42%
$Y1$	12	36.26%	25.18%	12.24%	5.96%	7.31%	9.73%	3.32%
$Y2$	2	90.55%	3.15%	3.33%	1.44%	1.18%	0.09%	0.25%
$Y2$	4	69.81%	12.39%	6.41%	3.39%	6.11%	0.13%	1.76%
$Y2$	6	57.36%	19.33%	5.97%	3.62%	10.47%	0.37%	2.89%
$Y2$	8	51.20%	22.99%	5.25%	3.37%	12.71%	1.24%	3.23%
$Y2$	10	48.69%	24.25%	5.04%	3.20%	13.29%	2.31%	3.21%
$Y2$	12	47.82%	24.38%	5.11%	3.20%	13.22%	3.11%	3.16%
$Y3$	2	79.94%	4.96%	1.45%	11.32%	1.88%	0.01%	0.44%
$Y3$	4	50.93%	15.73%	4.50%	21.04%	4.43%	1.48%	1.89%
$Y3$	6	46.82%	17.97%	4.55%	19.23%	4.22%	5.15%	2.07%
$Y3$	8	45.24%	17.14%	4.67%	19.18%	4.41%	7.37%	1.99%
$Y3$	10	44.80%	16.77%	4.93%	18.85%	4.64%	8.04%	1.96%
$Y3$	12	44.40%	16.75%	4.81%	19.20%	4.55%	8.30%	1.98%
$G1$	2	96.06%	0.70%	0.35%	0.66%	1.90%	0.07%	0.26%
$G1$	4	85.07%	3.77%	2.46%	1.20%	6.36%	0.59%	0.55%
$G1$	6	76.64%	6.92%	4.88%	1.01%	9.05%	1.01%	0.49%
$G1$	8	71.50%	9.12%	6.46%	0.92%	10.44%	1.12%	0.44%

表6.5(续)

变量	s	Y/G	EDU	TRAN	ENER	INFO	SCHO	HOSP
G1	10	68.74%	10.36%	7.13%	1.03%	11.14%	1.11%	0.49%
G1	12	67.43%	10.93%	7.28%	1.22%	11.46%	1.08%	0.61%
G2	2	94.00%	0.30%	1.29%	1.30%	2.25%	0.09%	0.77%
G2	4	82.49%	1.40%	5.49%	2.20%	6.63%	0.68%	1.11%
G2	6	74.42%	2.63%	9.68%	2.09%	8.97%	1.26%	0.95%
G2	8	69.15%	3.69%	12.82%	1.93%	9.94%	1.50%	0.97%
G2	10	65.89%	4.52%	14.81%	1.84%	10.24%	1.53%	1.17%
G2	12	63.93%	5.11%	15.93%	1.80%	10.28%	1.50%	1.45%

关于居民总体可支配收入的长期贡献分解：从第2期到第12期来看，居民总体可支配收入对自身变动的贡献率呈下降趋势，由第2期的83.69%下降到了12期的36.26%；基础设施对居民总体可支配收入变动的贡献率呈不断上升趋势，交通基础设施、教育基础设施到第12期对居民总体可支配收入变动的贡献率分别上升到12.24%、9.73%，这表明基础设施增收具有长期溢出效应。

关于城镇居民可支配收入的长期贡献分解：第2、12期的城镇居民可支配收入对自身变动的贡献率分别为90.55%、47.82%，呈下降趋势；各类基础设施对城镇居民可支配收入的贡献率均呈上升趋势，其中在第2期，交通基础设施对城镇居民可支配收入的贡献率最大（3.33%），在第12期，信息基础设施对城镇居民可支配收入的贡献率最大（13.22%）。因此从长期来看，信息基础设施建设对城镇居民可支配收入长期提升具有较大影响。

关于农村居民纯收入的长期贡献分解：第2、12期的农村居民纯收入对自身变动的贡献率分别为79.94%、44.40%，呈下降趋势；各类基础设施对城镇居民可支配收入的贡献率均呈上升趋势，其中在第2、12期，能源基础设施对城镇居民可支配收入的贡献率最大，分别为11.32%、19.20%。从长期来看，加快能源基础设施的建设对提升库区农村居民纯收入有较大影响。

关于城乡居民收入绝对差的长期贡献分解：第2、12期的城乡居民收入绝对差对自身变动的贡献率分别为96.06%、67.43%；呈下降趋势，各类基础设施对城乡居民收入绝对差的贡献率均呈上升趋势，其中在第2、12期，信息基础设施对城乡居民收入绝对差的贡献率最大，分别为1.90%、11.46%。从长期来看，由于城乡居民对信息基础设施的利用率差距较大，随着信息基础设施建设的不断深入，库区城乡居民收入绝对差有可能会扩大。

关于城乡居民收入相对差的长期贡献分解：第2、12期的城乡居民收入相对差对自身变动的贡献率分别为94.00%、63.93%，呈下降趋势；各类基础设施对城乡居民收入相对差的贡献率均呈上升趋势，其中在第2期，信息基础设施对城乡居民收入相对差的贡献率最大（2.25%），在第12期，交通基础设施对城乡居民收入相对差的贡献率最大（15.93%）。从长期来看，加强库区交通基础设施的建设，促进库区互联互通，降低交通运输成本，对缩小城乡居民收入相对差具有积极作用。

6.2.3 本节小结

本节运用PVAR模型、脉冲响应分析等计量方法，深入剖析库区不同类型基础设施对居民总体可支配收入、城镇居民可支配收入及城乡居民收入绝对差和相对差的动态特征及其可持续发展，由于农村居民纯收入的相关数据暂不能支撑，故不同类型基础设施对农村居民纯收入变动动态特征及其可持续发展暂不做分析。基于此，得到的主要结论如下：

第一，交通基础设施对居民总体可支配收入和城镇居民可支配收入提升具有长期正向影响，短期内会加大城乡居民收入绝对差，缩小城乡居民收入相对差。一方面，交通基础设施的投入能够促进库区与外部的互联互通，降低交易成本，改善库区经济社会发展环境，增加库区居民就近就业机会，提升居民收入；另一方面，交通基础设施的建设过程本身会创造一些就业机会，特别是对于库区整体文化素质不高的现状，交通基础设施建设能够直接增加部分劳动就业，提高居民收入。近年来，农村居民收入稳步提升且增速超过城镇居民可支配收入增速。例如，2016年开州区农村居民可支配收入增长10.5%，城镇居民可支配收入增长9.5%，但由于城乡居民收入基数和城乡居民劳动生产率的差距，城乡居民收入绝对差依然悬殊；2016年开州区农村居民可支配收入为11238元，城镇居民可支配收入达到了26262元，是农村居民可支配收入的2.34倍。因此，虽然库区城乡居民收入相对差有所缩小，但收入绝对差仍然较大。

第二，能源基础设施对居民总体可支配收入具有短期正向影响，长期可持续影响较微弱；对城镇居民可支配收入具有长期正向影响；短期内会缩小城乡居民收入绝对差，扩大城乡居民收入相对差，长期影响较小。能源基础设施的建设是地区经济发展的重要支撑，与经济发展水平相匹配的能源基础设施建设能够促进库区招商引资，特别是在承接东部地区产业转移的过程中，能源基础设施是相关产业在库区扎根的关键。随着产业的引进和经济的发展，能源基础设施对库区居民收入提升具有积极影响，能够促进城乡居民收入绝对差缩小；同时，能源基础设施的投入能够提高库区居民，特别是城镇居民的生活质量和水平。但能源基础设施大多建设在城镇，对农村居民的影响相对较小，因此在缩小城乡居民收入相对差上表现出短期负向影响。

第三，信息基础设施短期内对居民总体可支配收入和城镇居民可支配收入具有正向影响，但从长期来看有微弱的负向影响；短期内会扩大城乡居民收入绝对差，缩小城乡居民收入相对差，长期来看这种影响逐渐减弱。信息基础设施建设能够降低库区居民生产生活的交易成本，促进库区在信息资源方面与外部的互联互通，丰富库区居民生活，扩展库区居民见识，对库区居民特别是城镇居民的收入提升具有显著影响。但信息基础设施的利用是一把双刃剑，高效率地利用信息基础设施对库区居民收入的增加具有较大促进作用，但如果没有把握好这个机会，对信息基础设施的利用效率较低，则会加大库区居民收入与其他地区居民收入的差距。而信息基础设施的利用本身也具有门槛效应，对使用者的文化素质有一定的要求，农村居民由于整体文化素质较低于城镇居民，在信息基础设施的使用效率上明显不如城镇居民，因此信息基础设施的建设有可能会加大城乡居民收入绝对差，但从长期来看，随着经济社会的发展，这种影响会逐渐衰减。

第四，教育基础设施和卫生基础设施短期内对居民总体可支配收入和城镇居民可支配收入具有积极影响，但从长期来看这种影响逐渐减弱；教育基础设施短期内会扩大城乡居民收入绝对差，缩小城乡居民收入相对差，长期来看影响较小；卫生基础设施短期内会缩小城乡居民收入绝对差和相对差，长期来看对城乡居民收入绝对差的影响并不可持续，但会扩大城乡居民收入相对差。教育基础设施的投入是改善库区居民的人力资本积累和形成的主要途径，人力资本的积累能让库区居民获得更多的就业机会，提高库区居民收入水平。同时，随着教育基础设施投入的加大，农村居民在拥有较高的人力资本积累后，一部分会脱离农村进入城镇工作和生活，而留在农村的居民在这些方面均处于劣势，这会扩大城乡居民收入绝对差。卫生基础设施的投入能够提升库区城乡居民的健康水平，提升人力资本的质量，对库区城乡居民的生存权有较好的保障，因此能够缩小库区城乡居民收入绝对差与相对差。

6.3 三峡库区基础设施增收的空间效应

6.3.1 模型与数据

对于具有空间外溢效应的经济现象检验，空间计量模型较好地弥补了面板数据模型的空间解释不足的问题。荷兰经济学家保罗·埃尔霍斯特（2015）在《空间计量经济学：从横截面数据到空间面板》中给出了空间计量经济模型的通用形式：

$$Y = \rho WY + \beta' WX + \beta X + \mu \tag{6.7}$$
$$\mu = \lambda W \mu + \varepsilon \tag{6.8}$$

式中：

W 表示空间权重矩阵；

ρ 表示因变量空间滞后效应；

λ 表示误差空间滞后效应；

β' 表示自变量空间滞后效应；

ε 表示随机误差项。

根据空间模型通用形式的参数取值情况，主要分为空间杜宾模型（SDM）、广义空间模型（SAC）、空间自回归模型（SAR）、空间滞后模型（SLM）、空间误差模型（SEM），具体函数表达形式如图 6.6 所示。

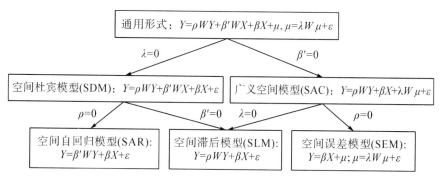

图 6.6　空间计量模型的主要形式

从上述空间计量模型的具体形式来看，空间计量模型可以看作面板数据模型在引入空间权重矩阵后的新形式。如果对矩阵的权重赋值，空间权重矩阵主要分为四种类型：第一是地理邻近空间权重矩阵（W_1），第二是地理距离倒数空间权重矩阵（W_2），第三是经济距离空间权重矩阵（W_3），第四是经济地理距离空间权重矩阵（W_4）。各类型空间权重矩阵赋值方法如下：

$$W_1 = \begin{cases} 1 \\ 0 \end{cases}, \text{当} i, j \text{两地相邻时}, W_1 = 1; \text{当} i, j \text{两地不相邻或者重合时}, W_1 = 0;$$

$W_2 = 1/D_{ij}$，D_{ij}表示i, j两地的通勤距离；

$W_3 = E_j/E_i$，表示j地区经济总量与本地i经济总量的比值；

$W_4 = E_j/(E_i \cdot D_{ij})$，表示经济距离与地理距离加权后的空间权重赋值情况。

本节针对三峡库区基础设施增收的空间效应检验，适用于空间杜宾模型。基于空间杜宾模型的具体形式，在式（5.3）中引入空间权重矩阵，从而考察其他地区基础设施变动对本地经济的影响。具体形式如下所示：

$$\begin{aligned} Y_{it} = \rho W Y_{jt} + \beta_1 \text{EDU}_{it} + \beta_2 \text{TRAN}_{it} + \beta_3 \text{ENER}_{it} + \beta_4 \text{INFO}_{it} + \beta_5 \text{SCHO}_{it} + \\ \beta_6 \text{HOSP}_{it} + \beta'_2 W \cdot \text{TRAN}_{jt} + \beta'_3 W \cdot \text{ENER}_{jt} + \beta'_4 W \cdot \text{INFO}_{jt} + \\ \beta'_5 W \cdot \text{SCHO}_{jt} + \beta'_6 W \cdot \text{HOSP}_{jt} + \varepsilon_{it} \end{aligned} \quad (6.9)$$

$$Y_{it} = (Y1_{it}, \ Y2_{it}, \ Y3_{it}, \ G1_{it}, \ G2_{it})$$

$$Y_{jt} = (Y1_{jt}, \ Y2_{jt}, \ Y3_{jt}, \ G1_{jt}, \ G2_{jt})$$

$$W = (W_1, \ W_2, \ W_3, \ W_4)$$

LeSage 和 Pace（2009）根据空间计量模型的表现形式，将变量间的影响分解为直接效应、间接效应和总效应。基于空间杜宾模型表达式的回归变量效应分解过程如下：

$$\begin{aligned} Y = \rho W Y + \beta' W X + \beta X + \varepsilon \\ \Rightarrow (I - \rho W) Y = (\beta' W + \beta) X \\ \Rightarrow \partial Y / \partial X = (I - \rho W)^{-1} (\beta' W + \beta) \end{aligned} \quad (6.10)$$

其中，直接效应是指式（6.10）中矩阵的对角元素之和，间接效应是指式（6.10）中矩阵的非对角元素之和，总效应是指式（6.10）中所有元素之和。可以看出，基础设施对居民收入的空间影响效应对应于间接效应。

三峡库区基础设施增收的空间杜宾模型分析指标与前章节实证分析相同。对于空间权重的赋值，地理邻近空间权重矩阵（W_1）根据库区各区、县界的接壤情况而定，地理距离倒数空间权重矩阵（W_2）根据各区、县府际高速公路里程数计算，经济距离空间权重矩阵（W_3）取各区县 2000—2015 年实际地区生产总值均值来进行计算，经济地理距离空间权重矩阵（W_4）根据地理距离倒数空间权重矩阵和经济距离空间权重矩阵相乘得来，所有类型的空间权重矩阵均采用行标准化，具体赋值情况参见附表 1 至附表 4。

6.3.2 实证检验

在实证检验之前，笔者采用准极大似然估计法（QMLE）研究了不同空间权重矩阵下的 SDM 模型显著性，根据拟合系数 R^2、对数似然值 Log-L、赤池信息准则 AIC、贝叶斯信息准则 BIC 来判断 W_1、W_2、W_3、W_4 空间权重矩阵下的 SDM 模型显著性。根据表 6.6，地理距离倒数空间权重矩阵 W_2 的拟合优度较好，经济地理距离空间权重矩阵 W_4 的对数似然值较大，AIC 与 BIC 较小，表现出良好的统计特征。因此，在进行三峡库区基础设施增收效应的空间溢出分析时，本书以 W_2、W_4 作为基准空间权重矩阵来进行分析。

为增强拟合结果的稳健性，本书比较了空间滞后模型（SLM）、空间误差模型（SEM），以及基础设施对居民收入影响的面板空间杜宾模型（SDM），用以量化不同空间特征下基础设施对收入增长的不同影响效应，同时体现出模型优选上的科学性，具体实证结果如表 6.7 所示。表 6.7 给出了 W_2、W_4 的估计结果，根据赤池信息准则和施瓦茨信息准则对模型变量优选的判断，可知时空固定效应下的 SDM 要比 SLM、SEM 的解释力度更好。因此，本书将以时空固定效应的 SDM 实证结果进行分析，SLM、SEM 补充 SDM 在经济解释上的未尽之处。

表 6.6　不同空间权重矩阵估计空间杜宾模型的 R_2 与 log-L

变量	择优准则	W_1	W_2	W_3	W_4
Y1	R^2	0.987	0.991[†]	0.990	0.989
	Log-L	395.22	410.84	393.97	413.13[†]
	AIC	−764	−795	−761	−800[†]
	BIC	−719	−750	−716	−755[†]
Y2	R^2	0.981	0.986[†]	0.985	0.985
	Log-L	345.32	377.25	377.48	378.35[†]
	AIC	−664	−728	−728	−730[†]
	BIC	−619	−683	−683	−685[†]
Y3	R^2	0.982	0.985[†]	0.984	0.981
	Log-L	457.95	464.10	455.87	472.09[†]
	AIC	−889	−902	−885	−918[†]
	BIC	−844	−856	−840	−872[†]

表6.6(续)

变量	择优准则	W_1	W_2	W_3	W_4
	R^2	0.965	0.970	0.967	0.970†
G1	Log-L	285.28	304.71†	293.45	303.08
	AIC	-544	-583	-560	-580†
	BIC	-499	-538†	-515	-534
	R^2	0.725	0.743†	0.717	0.726
G2	Log-L	339.03	352.10	349.91	356.64†
	AIC	-652	-678	-673	-687†
	BIC	-606	-632	-628	-642†

注：†表示不同空间权重矩阵下的模型最优解释状态。

表 6.7 给出了不同空间权重矩阵下，基础设施对居民总体可支配收入的空间影响。在地理距离空间权重矩阵下，其他地区交通基础设施、能源基础设施、卫生基础设施发展对本地居民总体可支配收入增长有正向溢出作用，回归参数分别为 0.227、0.310、-0.300；信息基础设施、教育基础设施则表现出显著的空间溢出影响。在经济地理空间权重矩阵下，其他地区交通基础设施、能源基础设施、卫生基础设施、信息基础设施均表现出显著的空间影响，但信息基础设施的空间影响为负（-0.211，$P<0.05$），表现出空间竞争效应。

表 6.7　空间模型回归结果（Y1）

Y1	W_2			W_4		
模型类别 （模型效应）	SLM （时空固定）	SEM （时空固定）	SDM （时空固定）	SLM （时空固定）	SEM （时空固定）	SDM （时空固定）
EDU	0.224* (1.95)	0.240* (1.86)	0.178 (1.45)	0.242* (1.90)	0.253** (1.98)	0.140 (1.10)
TRAN	-0.003 (-0.36)	-0.002 (-0.05)	0.027** (2.46)	-0.003 (-0.38)	-0.003 (-0.35)	0.018* (1.77)
ENER	0.081*** (4.30)	0.083*** (4.25)	0.088*** (5.32)	0.082*** (4.38)	0.082*** (4.32)	0.084*** (5.01)
INFO	0.061*** (2.70)	0.061*** (2.69)	0.051** (2.48)	0.062*** (2.75)	0.060*** (2.66)	0.054*** (2.58)
SCHO	-0.144*** (-3.13)	-0.154*** (-3.29)	-0.052 (-1.18)	-0.141*** (-3.03)	-0.146*** (-3.10)	-0.087* (-1.94)
HOSP	-0.003 (-0.30)	-0.004 (-0.42)	-0.034*** (-3.12)	-0.003 (-0.36)	-0.003 (-0.35)	-0.015 (-1.46)

表6.7(续)

$Y1$	W_2			W_4		
模型类别 （模型效应）	SLM （时空固定）	SEM （时空固定）	SDM （时空固定）	SLM （时空固定）	SEM （时空固定）	SDM （时空固定）
$W \cdot$ TRAN	—	—	0.227 *** （3.99）	—	—	0.133 ** （2.48）
$W \cdot$ ENER	—	—	0.310 *** （4.33）	—	—	0.426 *** （4.43）
$W \cdot$ INFO	—	—	−0.071 （−0.66）	—	—	−0.211 ** （−2.34）
$W \cdot$ SCHO	—	—	−0.033 （−0.20）	—	—	−0.006 （−0.03）
$W \cdot$ HOSP	—	—	−0.300 *** （−5.44）	—	—	−0.268 *** （−4.41）
ρ	0.153 （1.05）	—	−0.312 * （−1.65）	0.160 （1.04）	—	0.017 （1.28）
λ	—	−0.017 （−0.09）	—	—	0.081 （0.56）	—
wald1	1.11	0.01	2.73 *	1.08	0.32	0.01
wald2	—	—	78.15 ***	—	—	67.16 ***
R^2	0.850	0.836	0.987	0.847	0.838	0.975
Log−L	414	414	448	414	414	444
AIC	−813	−812	−871	−813	−812	−863
BIC	−785	−784	−826	−785	−784	−818
Hausman test	44.05 ***	52.05 ***	491.34 ***	38.77 ***	11.37	159.00 ***

注：* 表示 $P<0.1$，** 表示 $P<0.05$，*** 表示 $P<0.01$，下同；wald1 统计量是对因变量参数的约束性检验，wald2 是对空间滞后自变量参数的约束性检验；括号内为 z 检验值。后表同。

表6.8 给出了基础设施对居民总体可支配收入的分解影响效应。从地理距离空间权重矩阵来看，交通基础设施、能源基础设施、卫生基础设施对居民总体可支配收入的空间溢出效应依次递增，分别为 0.177、0.221、−0.227；从经济地理距离空间权重矩阵来看，能源基础设施、卫生基础设施、交通基础设施对居民总体可支配收入的空间溢出效应依次递减，分别为 0.437、−0.271、0.144，信息基础设施对居民总体可支配收入表现出空间竞争效应，竞争影响为−0.223。

表 6.8   基础设施空间效应分解（Y1）

Y1	W_2			W_4		
空间效应	直接效应	间接效应	总效应	直接效应	间接效应	总效应
TRAN	0.022**	0.177***	0.200***	0.019*	0.144**	0.164**
	(2.02)	(3.53)	(3.52)	(1.69)	(2.11)	(2.16)
ENER	0.081***	0.221***	0.302***	0.086***	0.437***	0.523***
	(4.55)	(3.56)	(4.50)	(4.05)	(2.91)	(3.22)
INFO	0.050**	−0.046	0.004	0.054**	−0.223**	−0.169
	(2.45)	(−0.55)	(1.07)	(2.49)	(−2.32)	(−0.63)
SCHO	−0.041	−0.023	−0.065	−0.076*	−0.015	−0.091
	(−0.93)	(−0.15)	(−0.44)	(−1.75)	(−0.07)	(−0.42)
HOSP	−0.024**	−0.227***	−0.251***	−0.013	−0.271***	−0.285***
	(−2.19)	(−4.21)	(−4.13)	(−1.12)	(−3.39)	(−3.22)

综合表6.7、表6.8的分析结果可知：能源、交通等具有线状特征的基础设施和卫生等具有公共服务属性的基础设施对居民收入增长具有空间溢出效应，而具有点状特征的信息基础设施对居民总体收入增长具有空间竞争效应；此外，带有经济距离加权的地理距离空间权重矩阵增强了基础设施与居民收入的空间关联，使得基础设施对居民收入增长的空间影响程度更大。

表6.9给出了不同空间权重矩阵下，基础设施对城镇居民可支配收入的空间影响。在地理距离空间权重矩阵下，其他地区交通基础设施、教育基础设施、卫生基础设施发展对本地城镇居民可支配收入增长有正向溢出作用，回归参数分别为0.177、−0.450、−0.119；其他地区信息基础设施发展对本地城镇居民可支配收入表现出空间竞争效应，回归参数为−0.320；在经济地理空间权重矩阵下，教育基础设施和卫生基础设施仍然表现出正向空间溢出，但交通基础设施从显著空间溢出变为不显著的空间溢出，能源基础设施从不显著的空间溢出变为显著的空间溢出；信息基础设施则仍然具有空间竞争效应。

表 6.9   空间模型回归结果（Y2）

Y2	W_2			W_4		
模型类别	SLM	SEM	SDM	SLM	SEM	SDM
（模型效应）	（时空固定）	（时空固定）	（时空固定）	（时空固定）	（时空固定）	（时空固定）
EDU	0.397***	0.456***	0.307**	0.351***	0.386***	0.303**
	(3.14)	(3.41)	(2.34)	(2.58)	(2.68)	(2.04)

表6.9(续)

$Y2$	W_2			W_4		
模型类别 （模型效应）	SLM （时空固定）	SEM （时空固定）	SDM （时空固定）	SLM （时空固定）	SEM （时空固定）	SDM （时空固定）
TRAN	0.033 *** (3.59)	0.040 *** (3.83)	0.056 *** (4.63)	0.034 *** (3.43)	0.036 *** (3.41)	0.043 *** (3.55)
ENER	−0.019 (−1.01)	−0.006 (−0.36)	−0.021 (−1.22)	−0.026 (−1.29)	−0.024 (−1.19)	−0.023 (−1.19)
INFO	−0.015 (−0.68)	−0.008 (−0.37)	0.012 (0.53)	−0.023 (−0.96)	−0.018 (−0.75)	−0.006 (−0.27)
SCHO	−0.100 ** (−2.24)	−0.057 (−1.42)	−0.039 (−0.81)	−0.108 ** (−2.23)	−0.095 ** (−2.04)	−0.149 *** (−2.88)
HOSP	0.027 *** (2.59)	0.023 ** (2.00)	0.016 (1.38)	0.034 (3.10)	0.033 *** (2.84)	0.026 ** (2.17)
$W \cdot$ TRAN	—	—	0.177 *** (2.81)	—	—	0.012 (0.20)
$W \cdot$ ENER	—	—	0.098 (1.28)	—	—	0.228 ** (1.99)
$W \cdot$ INFO	—	—	−0.320 *** (−2.73)	—	—	−0.196 * (−1.89)
$W \cdot$ SCHO	—	—	−0.450 ** (−2.55)	—	—	−0.432 ** (−2.10)
$W \cdot$ HOSP	—	—	−0.119 ** (−1.97)	—	—	−0.160 ** (−2.28)
ρ	−1.022 *** (−5.37)	—	−1.049 *** (−5.34)	−0.381 * (−1.93)	—	−0.304 (−1.51)
λ	—	−1.130 *** (−5.30)	—	—	−0.407 ** (−2.21)	—
wald1	28.87 ***	28.09 ***	28.48 ***	3.73 *	—	2.29
wald2	—	—	24.57 ***	—	4.89 **	20.24 ***
R^2	0.457	0.873	0.962	0.346	0.647	0.971
Log-L	407	407	419	396	396	406
AIC	−799	−798	−812	−777	−776	−786
BIC	−771	−770	−767	−749	−748	−751
Hausman test	94.94 ***	699.39 ***	189.12 ***	37.31 ***	79.54 ***	257.53 ***

表6.10给出了基础设施对城镇居民可支配收入的分解影响效应。从地理距离空间权重矩阵来看，教育基础设施、卫生基础设施以及交通基础设施对城

镇居民可支配收入的空间溢出效应依次为−0.264、−0.075、0.068，信息基础设施对城镇居民可支配收入的空间竞争效应为−0.173；从经济地理距离空间权重矩阵来看，教育基础设施、卫生基础设施、能源基础设施对城镇居民可支配收入的空间溢出效应依次为−0.364、−0.130、0.182，信息基础设施对城镇居民可支配收入同样表现出空间竞争效应，竞争效应的边际影响显著为−0.153。

表 6.10　基础设施空间效应分解（Y2）

Y2	W_2			W_4		
空间效应	直接效应	间接效应	总效应	直接效应	间接效应	总效应
TRAN	0.047 *** (4.17)	0.068 ** (2.11)	0.115 *** (3.17)	0.043 *** (3.48)	0.002 (0.05)	0.046 (0.78)
ENER	−0.030 (−1.49)	0.066 (1.53)	0.035 (0.84)	−0.028 (−1.30)	0.182 * (1.84)	0.154 (1.45)
INFO	−0.013 (−0.57)	−0.173 *** (2.87)	−0.186 ** (2.47)	−0.012 (−0.52)	−0.153 * (1.84)	0.141 (1.60)
SCHO	−0.067 (−1.22)	−0.264 ** (−2.21)	0.331 ** (2.03)	−0.151 *** (−2.81)	−0.364 * (−1.85)	−0.515 ** (−2.16)
HOSP	0.030 *** (2.70)	−0.075 ** (−2.40)	−0.045 (−1.32)	0.033 *** (2.79)	−0.130 ** (−2.28)	−0.096 (−1.55)

综合表 6.9、表 6.10 的分析结果可知：教育、卫生等社会性基础设施对城镇居民可支配收入增长具有较大的空间溢出效应，交通、能源等生产性基础设施在不同的空间传递机制下也表现出增收效应空间扩散的正向影响；信息基础设施对城镇居民可支配收入有明显的空间竞争效应，信息基础设施发展会导致城镇居民可支配收入的空间格局分异化。

表 6.11 给出了不同空间权重矩阵下，基础设施对农村居民纯收入的空间影响。在地理距离空间权重矩阵下，其他地区能源基础设施、教育基础设施、卫生基础设施对本地农村居民纯收入增长有正向溢出作用，回归参数分别为 0.300、−0.266、−0.116，其他地区信息基础设施发展对本地农村居民纯收入表现出空间竞争效应，回归参数为−0.454，而未有统计证据表明交通基础设施对农村居民纯收入表现出空间溢出效应；在经济地理空间权重矩阵下，上述基础设施对农村居民纯收入的影响保持不变，这表明基础设施对农村居民纯收入的空间效应主要受到地理因素影响。

表 6.11　空间模型回归结果（Y3）

Y3	W_2			W_4		
模型类别 （模型效应）	SLM （时空固定）	SEM （时空固定）	SDM （时空固定）	SLM （时空固定）	SEM （时空固定）	SDM （时空固定）
EDU	−0.096 （−1.01）	−0.122 （−1.20）	−0.031 （−0.33）	−0.101 （−1.10）	−0.079 （−0.84）	−0.070 （−0.74）
TRAN	0.007 （1.03）	0.006 （0.93）	0.009 （1.09）	0.007 （1.09）	0.007 （1.06）	0.002 （0.32）
ENER	0.074*** （5.34）	0.076*** （5.27）	0.087*** （6.74）	0.072*** （5.20）	0.072*** （5.14）	0.077*** （6.21）
INFO	−0.080*** （−4.82）	−0.084*** （−4.69）	−0.106*** （−6.49）	−0.078*** （−4.75）	−0.075*** （−4.32）	−0.096*** （−6.14）
SCHO	0.009 （0.29）	0.003 （0.11）	0.015 （0.45）	0.027 （0.81）	0.020 （0.58）	0.048 （1.47）
HOSP	0.019** （2.45）	0.018** （2.32）	0.004 （0.57）	0.018** （2.44）	0.018** （2.38）	0.011 （1.49）
$W \cdot$ TRAN	—	—	0.015 （0.36）	—	—	−0.051 （−1.30）
$W \cdot$ ENER	—	—	0.300*** （5.17）	—	—	0.365*** （5.03）
$W \cdot$ INFO	—	—	−0.454*** （−5.27）	—	—	−0.463*** （−6.55）
$W \cdot$ SCHO	—	—	−0.266** （−2.09）	—	—	−0.234* （−1.78）
$W \cdot$ HOSP	—	—	−0.116** （−2.73）	—	—	−0.103** （−2.31）
ρ	0.200 （1.42）		−0.232 （−1.25）	0.377*** （3.05）		−0.010 （−0.06）
λ	—	−0.021 （−0.11）	—	—	0.209 （1.32）	—
wald1	2.01	0.01	1.56	9.33***	1.76	0.01
wald2	—	—	50.33***	—	—	55.61***
R^2	0.475	0.439	0.712	0.636	0.390	0.618
Log−L	488	487	511	491	488	518
AIC	−961	−959	−997	−966	−961	−1010
BIC	−933	−931	−952	−938	−933	−965
Hausman test	10.89	15.86**	49.17***	24.19***	7.38	51.40***

表 6.12 给出了基础设施对农村居民纯收入的分解影响效应。从地理距离空间权重矩阵来看，教育基础设施、卫生基础设施、能源基础设施对农村居民

纯收入的空间溢出效应依次为-0.238、-0.095、0.230，信息基础设施对农村居民纯收入的空间竞争效应为-0.363；从经济地理距离空间权重矩阵来看，教育基础设施、卫生基础设施、能源基础设施对农村居民纯收入的空间溢出效应依次为-0.191、-0.085、0.433，信息基础设施对农村居民纯收入的空间竞争效应的边际影响显著为-0.562。

表 6.12　基础设施空间效应分解（Y3）

Y3	W₂			W₄		
空间效应	直接效应	间接效应	总效应	直接效应	间接效应	总效应
TRAN	0.009 (1.10)	0.013 (0.35)	0.022 (0.52)	0.002 (0.34)	-0.048 (-1.12)	-0.046 (-0.93)
ENER	0.081*** (5.91)	0.230*** (4.50)	0.311*** (5.61)	0.077*** (5.34)	0.355*** (3.87)	0.433*** (4.37)
INFO	-0.096*** (-5.85)	-0.363*** (-4.17)	-0.460*** (-4.89)	-0.096*** (-5.56)	-0.466*** (-4.83)	-0.562*** (-5.31)
SCHO	0.028 (0.85)	-0.238** (-2.00)	-0.209* (-1.80)	0.056* (1.79)	-0.248* (-1.73)	-0.191 (-1.39)
HOSP	0.009 (1.09)	-0.095** (-2.52)	-0.086** (-2.01)	0.013 (1.63)	0.098** (-2.16)	-0.085* (-1.69)

综合表 6.11、表 6.12 的分析结果可知：教育、卫生等社会性基础设施对农村居民纯收入存在空间溢出效应，并且空间溢出形态以地理扩散为主；能源、信息等生产性基础设施对农村居民纯收入的空间影响有相反影响，其中能源基础设施有利于其他地区农村居民纯收入的提升，而信息基础设施则不利于农村居民纯收入空间趋同增长；此外，生产性基础设施和社会性基础设施对农村居民纯收入的空间影响具有不同空间传递机制，其中，社会性基础设施对农村居民纯收入影响的空间传递机制以地理溢出为主，生产性基础设施对农村居民纯收入影响的空间传递机制存在经济和地理双重溢出。

表 6.13 给出了不同空间权重矩阵下，基础设施对城乡居民收入绝对差的空间影响。在地理距离空间权重矩阵下，其他地区交通基础设施、信息基础设施和卫生基础设施的改善会扩大本地城乡居民收入绝对差，空间影响参数估计分别为 0.203、0.725、-0.214，教育基础设施改善则对城乡居民收入绝对差存在空间缩小影响，边际影响参数估计为 0.600；在经济地理空间权重矩阵下，上述基础设施对城乡居民收入绝对差的空间影响路径保持不变，但空间影响程度明显下降，这表明经济距离对基础设施与城乡居民收入绝对差的空间地理外溢起到调节作用。

表6.13 空间模型回归结果（G1）

G1	W_2			W_4		
模型类别 （模型效应）	SLM （时空固定）	SEM （时空固定）	SDM （时空固定）	SLM （时空固定）	SEM （时空固定）	SDM （时空固定）
EDU	0.731*** (3.75)	0.838*** (4.09)	0.513*** (2.56)	0.649*** (3.20)	0.709*** (3.31)	0.521** (2.41)
TRAN	0.043*** (3.06)	0.050*** (3.17)	0.067*** (3.66)	0.043*** (2.92)	0.045*** (2.92)	0.056*** (3.21)
ENER	−0.061** (−2.15)	−0.053* (−1.87)	−0.071*** (−2.64)	−0.066** (−2.19)	−0.066** (−2.19)	−0.064** (−2.24)
INFO	0.011 (0.32)	0.029 (0.80)	0.061* (1.75)	−0.003 (−0.10)	0.006 (0.17)	0.028 (0.78)
SCHO	−0.174** (−2.53)	−0.120* (−1.92)	−0.077 (−1.06)	−0.173** (−2.40)	−0.163** (−2.32)	−0.249*** (−3.31)
HOSP	−0.174** (−2.53)	0.021 (1.22)	0.010 (0.56)	0.037** (2.24)	0.034** (1.99)	0.025 (1.43)
$W \cdot$ TRAN	—	—	0.203** (2.14)	—	—	0.035 (0.39)
$W \cdot$ ENER	—	—	−0.037 (−0.32)	—	—	0.164 (0.97)
$W \cdot$ INFO	—	—	0.725*** (4.06)	—	—	0.502*** (3.30)
$W \cdot$ SCHO	—	—	0.600** (2.24)	—	—	0.564* (1.89)
$W \cdot$ HOSP	—	—	−0.214** (−2.35)	—	—	−0.245** (−2.39)
ρ	−0.757*** (−3.96)		−0.809*** (−4.12)	−0.224 (−1.20)		−0.231 (−1.20)
λ	—	−0.920*** (−4.18)	—	—	−0.304* (−1.66)	—
wald1	15.67***	17.45***	16.96***	1.44	—	1.44
wald2	—	—	30.17	—	2.75*	30.06***
R^2	0.644	0.879	0.963	0.603	0.763	0.966
Log-L	309	310	323	302	302	316
AIC	−602	−604	−620	−588	−589	−606
BIC	−574	−576	−575	−560	−561	−561
Hausman test	35.58***	411.09***	76.53***	32.28***	283.06***	191.41***

表 6.14 给出了基础设施对城乡居民收入绝对差的分解影响效应。从地理距离空间权重矩阵来看，交通基础设施、信息基础设施和卫生基础设施对城乡居民收入绝对差的空间扩大效应分别为 0.094、0.414、-0.133，教育基础设施对城乡居民收入绝对差的空间缩小效应为 0.388；从经济地理距离空间权重矩阵来看，信息基础设施和卫生基础设施对城乡居民收入绝对差的空间扩大效应分别为 0.409、-0.204，教育基础设施对城乡居民收入绝对差的空间缩小效应为 0.496。

表 6.14　基础设施空间效应分解（$G1$）

变量	W_2			W_4		
空间效应	直接效应	间接效应	总效应	直接效应	间接效应	总效应
TRAN	0.058 *** (3.38)	0.094 * (1.69)	0.153 ** (2.40)	0.057 *** (3.08)	0.023 (0.29)	0.081 (0.87)
ENER	-0.071 ** (-2.37)	0.008 (0.12)	-0.063 (-0.87)	-0.066 ** (-2.09)	0.142 (0.97)	0.076 (0.49)
INFO	0.016 (0.47)	0.414 *** (3.98)	0.430 *** (4.11)	0.017 (0.48)	0.409 *** (3.05)	0.426 *** (3.00)
SCHO	-0.104 (-1.30)	0.388 ** (1.98)	0.284 * (1.68)	-0.247 *** (-3.19)	0.496 * (1.69)	0.249 (0.90)
HOSP	0.028 * (1.69)	-0.133 ** (-2.47)	-0.105 * (-1.74)	0.034 ** (1.96)	-0.204 ** (-2.29)	-0.169 * (-1.74)

综合表 6.13、表 6.14 的分析结果可知：信息、卫生基础设施会扩大城乡居民收入绝对差的空间格局，教育基础设施会缩小城乡居民收入绝对差的空间格局，而交通、能源基础设施对于城乡居民收入格局的空间影响不显著；信息基础设施对城乡居民收入绝对差的空间竞争影响较强，教育基础设施对城乡居民收入绝对差的空间渗透影响较大。

表 6.15 给出了不同空间权重矩阵下，基础设施对城乡居民收入相对差的空间影响。在地理距离空间权重矩阵下，其他地区能源基础设施、教育基础设施发展会改善本地城乡居民收入相对差，空间影响参数估计分别为 0.192、-0.777，其他地区信息基础设施发展则扩大了本地城乡居民收入相对差，空间边际影响的参数估计显著为 -0.789；在经济地理空间权重矩阵下，信息基础设施和教育基础设施对城乡居民收入相对差的空间格局存在反向影响，其中信息基础设施扩大了空间上的城乡居民收入相对差，教育基础设施则改善了空间上的农村居民与城镇居民收入比例的分布格局。

表 6.15　空间模型回归结果（G2）

G2	W_2			W_4		
模型类别 （模型效应）	SLM （时空固定）	SEM （时空固定）	SDM （时空固定）	SLM （时空固定）	SEM （时空固定）	SDM （时空固定）
EDU	-0.502 *** (-3.22)	-0.610 *** (-3.60)	-0.359 ** (-2.29)	-0.467 *** (-3.03)	-0.495 *** (-3.00)	-0.385 ** (-2.44)
TRAN	-0.028 ** (-2.50)	-0.030 *** (-2.59)	-0.043 *** (-2.98)	-0.027 ** (-2.44)	-0.028 ** (-2.47)	-0.040 *** (-3.11)
ENER	0.101 *** (4.44)	0.102 *** (4.52)	0.113 *** (5.33)	0.099 *** (4.31)	0.102 *** (4.40)	0.100 *** (4.80)
INFO	-0.058 ** (-2.11)	-0.077 *** (-2.59)	-0.110 *** (-4.02)	-0.050 * (-1.83)	-0.058 * (-1.95)	-0.089 (-3.33)
SCHO	0.097 * (1.78)	0.060 (1.10)	0.066 (1.16)	0.102 * (1.87)	0.093 * (1.67)	0.194 *** (3.53)
HOSP	-0.017 (-1.37)	-0.014 (-1.13)	-0.013 (-0.94)	-0.018 (-1.47)	-0.017 (-1.38)	-0.015 (-1.18)
$W \cdot$ TRAN	—	—	-0.116 (-1.58)	—	—	-0.052 (-0.79)
$W \cdot$ ENER	—	—	0.192 ** (2.02)	—	—	0.124 (0.99)
$W \cdot$ INFO	—	—	-0.789 *** (-5.61)	—	—	-0.678 *** (-5.97)
$W \cdot$ SCHO	—	—	-0.777 *** (-3.73)	—	—	-0.715 *** (-3.32)
$W \cdot$ HOSP	—	—	0.040 (0.57)	—	—	0.061 (0.83)
ρ	-0.213 (-1.22)	—	-0.427 ** (-2.25)	0.039 (0.24)	—	-0.129 (-0.71)
λ	—	-0.486 ** (-2.11)	—	—	-0.095 (-0.51)	—
wald1	1.50	4.44 **	5.06 **	0.06	0.26	0.50
wald2	—	—	38.23 ***	—	—	50.55 ***
R^2	0.229	0.299	0.206	0.265	0.264	0.225
Log-L	370	372	388	369	370	393
AIC	-725	-728	-750	-723	-724	-760
BIC	-697	-700	-705	-695	-696	-714
Hausman test	33.62 ***	23.92 ***	85.81 ***	20.05 ***	14.03 *	188.12 ***

表 6.16 给出了基础设施对城乡居民收入相对差的分解影响效应。无论从地理距离空间权重矩阵还是从经济地理距离空间权重矩阵下的空间杜宾模型结果来看，能够对城乡居民收入相对差的空间分布格局起到影响作用的基础设施仅有信息基础设施和教育基础设施。其中，信息基础设施对城乡居民收入相对差的影响为负，两种空间传递机制下的参数估计分别为-0.555、-0.611；教育基础设施对城乡居民收入相对差的影响为正，两种空间传递机制下的参数估计分别为-0.620、-0.699。

表 6.16 基础设施空间效应分解 (G2)

变量	W_2			W_4		
空间效应	直接效应	间接效应	总效应	直接效应	间接效应	总效应
TRAN	-0.038 *** (-2.73)	-0.069 (-1.21)	-0.107 (-1.64)	-0.038 *** (-2.83)	-0.037 (-0.58)	-0.075 (-1.04)
ENER	0.108 *** (4.84)	0.100 (1.56)	0.209 *** (3.08)	0.100 *** (4.51)	0.084 (0.79)	0.184 (1.63)
INFO	-0.082 *** (-3.13)	-0.555 *** (-4.56)	-0.637 *** (-4.95)	-0.080 *** (-3.03)	-0.611 *** (-4.60)	-0.692 *** (-4.83)
SCHO	0.110 * (1.92)	-0.620 *** (-3.33)	-0.509 *** (-2.87)	0.217 *** (4.00)	-0.699 *** (-3.06)	-0.482 ** (-2.20)
HOSP	-0.012 (-0.96)	0.039 (0.79)	0.027 (0.48)	-0.013 (-1.08)	0.064 (0.98)	0.051 (0.71)

综合表 6.15、表 6.16 的分析结果可知：无论从地理扩散角度还是从经济辐射与地理扩散相结合的角度，三峡库区城乡居民收入相对差的空间格局变化受到了信息基础设施和教育基础设施的空间作用，但二者对城乡居民收入相对差的影响相反。其中，信息基础设施发展扩大了周边地区城乡居民收入相对差，教育基础设施发展则缩小了周边地区城乡居民收入相对差。

6.3.3 本节小结

本节基于 2000—2015 年三峡库区区县级面板数据，运用面板空间杜宾模型，实证检验了基础设施发展对居民收入状态的空间影响。研究表明：

第一，交通、能源的生产性基础设施和教育、卫生等社会性基础设施的发展对库区居民总体可支配收入、城镇居民可支配收入、农村居民纯收入增长具有空间溢出作用。交通基础设施作为库区各区县互联互通的要素通道，承担着促进资本流、人才流、知识流在区域间充分流动的任务。能源基础设施的空间线状特征将库区各区县居民收入串联起来，形成同升同降发展趋势。在推进库区基础设施建设过程中，加强交通、能源基础设施建设有利于发挥各区县居民收入的相互带动作用，这对于库区协同共享发展有重要作用。教育、卫生基础设施具有空间外溢特征，能够对地理相近和经济总量相仿的区县居民起到改善教育水平和健康状况的作用，此外，教育与卫生基础设施较好的区县也会向周边区县输出技术水平较高的劳动力，从而提高周边地区整体的居民收入水平。

第二，信息基础设施发展对库区居民总体可支配收入、城镇居民可支配收入和农村居民纯收入增长具有空间竞争影响。与交通、能源等基础设施空间形态有所不同，信息基础设施可及性具有一定的技术门槛，并且信息基础设施的空间点状形态要强于线状形态。技术门槛对信息基础设施使用者进行甄别，跨入门槛则可以获得更高生产率，而未跨过门槛则被拉开差距，这可能是信息基础设施对库区居民收入具有空间竞争影响的主要原因。此外，信息基础设施发展有利于人才的集聚，这导致信息基础设施发展较好的区县对周边区县形成"虹吸"效应，率先取得区域竞争优势。可以预见的是，库区信息基础设施建设的优劣是未来各区县能否率先取得竞争优势的关键。

第三，信息和教育基础设施是从空间上影响库区各区县城乡居民收入差距的两个关键变量。其中，信息基础设施发展既扩大了本地与周边区县城乡居民收入绝对差，又扩大了本地与周边区县城乡居民收入相对差；教育基础设施发展扩大了本地与周边区县城乡居民收入的绝对差，但缩小了本地与周边区县城乡居民收入的相对差。这反映出生产性基础设施与社会性基础设施对于城乡居民收入差距的不同空间影响效应。在效率主导的情况下，信息基础设施发展会极化库区各区县城乡居民收入差距，不仅导致城乡居民收入差距的整体扩大，还导致各个区县城乡居民收入差距的扩大，形成城乡居民收入差距在空间上的马太效应。但教育基础设施发展则更加兼顾库区各区县城乡居民收入差距的公平性，不断促进城乡劳动力边际报酬的均衡，从而表现出对库区城乡居民收入差距在空间上的相对趋同。

6.4 本章小结

本章主要实证检验了2000—2015年三峡库区基础设施发展对居民收入增长的时空溢出效应。在长期效应检验上，建立面板向量自回归模型，量化分析各类基础设施对居民收入的动态影响路径，从而得出样本期内三峡库区基础设施与居民收入状态的长期关联；在空间效应检验上，建立面板空间计量模型，考虑在不同空间权重矩阵下其他地区基础设施发展对本地居民收入增长的空间影响特征。具有结论如下：

在长期效应上，交通基础设施对居民总体可支配收入和城镇居民可支配收入提升具有长期正向影响；能源基础设施对居民总体可支配收入具有短期正向影响，对城镇居民可支配收入具有长期正向影响；信息基础设施、卫生基础设施和教育基础设施对居民总体可支配收入具有短期正向影响，从长期来看这种影响逐渐减弱。交通基础设施、信息基础设施、教育基础设施短期内会扩大城乡居民收入绝对差，缩小城乡居民收入相对差，但从长期来看，这种影响并不可持续。能源基础设施短期内会缩小城乡居民收入绝对差，扩大城乡居民收入相对差，长期影响较小。卫生基础设施短期内会缩小城乡居民收入绝对差和相对差，长期来看对城乡居民收入绝对差影响并不可持续，但会扩大城乡居民收入相对差。

在空间溢出效应上，交通、能源等生产性基础设施和教育、卫生等社会性基础设施发展对库区居民总体可支配收入、城镇居民可支配收入、农村居民纯收入具有空间溢出作用；信息基础设施发展对库区居民总体可支配收入、城镇居民可支配收入和农村居民纯收入增长具有空间竞争影响。三峡库区各区县城乡居民收入差距的空间效应传递取决于信息和教育基础设施的建设情况，其中，信息基础设施既扩大了本地与周边区县城乡居民收入绝对差，又扩大了本地与周边区县城乡居民收入相对差；教育基础设施扩大了本地与周边区县城乡居民收入绝对差，但缩小了本地与周边区县城乡居民收入相对差。

第7章　结论、政策启示与展望

7.1　研究结论

本书开展三峡库区基础设施的增收效应分析，主要内容包括四个方面：第一，基于逻辑分析法，构建了一个包含影响机制和理论模型的基础设施增收效应理论框架；第二，通过描述性统计和比较分析法，从总体趋势、空间视阈和横向比较上考察了三峡库区基础设施与居民收入增长的发展规律、内部差异、发展层次和追赶目标；第三，建立了三峡库区基础设施增收效应的面板数据模型，考察了各类型基础设施对居民收入、分城乡居民收入及其差距的影响；第四，建立了三峡库区基础设施增收效应的时空溢出检验模型，其中，运用面板向量自回归模型考察三峡库区基础设施对居民收入的长期影响，采用面板空间计量模型测度三峡库区基础设施增收的空间溢出效应。主要研究结论可概括如下：

（1）基础设施增收效应的影响机制存在多维响应路径。在投资影响机制上，基础设施投资增加会扩大就业蓄水池和形成资本高地，促进劳动力和产业集聚，提高城镇化水平，从而引致居民收入增长；在空间影响机制上，基础设施互联互通可以降低区域间的通勤成本，促进市场融合和要素流动，发挥出基础设施的空间溢出效应，提高经济运行效率，从而有助于居民收入增长；在长期影响机制上，基础设施与私人资本呈现动态匹配状态，随着二者匹配度的提高，基础设施发展对居民收入增长的促进作用也提高了。此外，基础设施是人力资本累积的初始条件，能够促进凝结在单位劳动力上的人力资本的内生增长，从而为市场提供更多的有效劳动。

在理论模型推导上，针对基础设施与居民收入关系形成了五个推论，也即：推论1，基础设施投资能够促进居民收入增长。推论2，城乡基础设施边际产出差距和城乡居民人均基础设施资本累积差距导致城乡居民收入差距。推论3，当基础设施与私人资本充分匹配时，居民收入增长速度长期保持不变，当基础设施处于拥塞状态时，居民收入增长速度随人均资本递增而递减，但基础设施发展减缓了居民收入增长速度的下降趋势。推论4，本地基础设施增加能够促进其他地区居民收入增长，基础设施增收存在空间溢出效应。推论5，无论基础设施率先投入给谁，若不计中间成本，随着劳动力的理性转移，其他地区的居民收入水平也能够获得提升。

（2）三峡库区基础设施与居民收入的统计描述结果分为三个方面：其一，在总体趋势分析上，库区基础设施得以恢复并日趋完善，其中生产性基础设施发展速度要快于社会性基础设施，但基础设施利用水平与重庆和全国相比仍有较大差距。库区居民收入水平稳步提升，其中农村居民纯收入年均增速高于城镇居民可支配收入的年均增速，城乡居民收入相对差虽然有所缩小，但在基数影响下绝对差仍然以年均 8.19% 的速度在不断扩大。其二，在空间视阈分析上，三峡库区交通、能源、信息等生产性基础设施水平呈现"尾高腹低"特征，教育、卫生等社会性基础设施具有均等化趋势。其三，在横向比较分析上，三峡库区交通、能源、信息等生产性基础设施发展水平与全国、重庆市整体发展水平差距较大，教育、卫生等社会性基础设施发展水平比较接近重庆和全国的平均发展水平，库区居民收入水平全面落后于重庆市和全国居民收入平均水平。

（3）在基础设施增收效应的实证分析上，各类基础设施均对库区居民总体可支配收入增长有促进作用，其中生产性基础设施增收的边际影响比社会性基础设施要高；在地区异质性分析上，库尾地区交通、信息、教育等基础设施发展对居民收入增长的提升效果更为显著，而库腹地区需要加强能源基础设施的建设；在城乡异质性分析上，基础设施发展促进了城镇居民和农村居民的收入增长，但生产性基础设施发展扩大了城乡居民的收入差距，而社会性基础设施发展在缩小城乡居民收入差距上表现出积极影响。

（4）在长期溢出效应上，交通基础设施对居民总体可支配收入和城镇居民可支配收入提升具有长期正向溢出；能源基础设施对居民总体可支配收入具有短期正向影响，对城镇居民可支配收入具有长期正向影响；信息、卫生、教育等基础设施对居民总体可支配收入具有短期正向影响，从长期来看这种影响逐渐减弱。交通、信息、教育等基础设施短期内会扩大城乡居民收入绝对差，缩小城乡居民收入相对差，但从长期来看，这种影响不可持续。能源基础设施短期内会缩小城乡居民收入绝对差，扩大城乡居民相对差，长期影响较小。卫生基础设施短期内会缩小城乡居民收入绝对差和相对差，长期来看对城乡居民收入绝对差的影响不可持续。

（5）在空间溢出效应上，交通、能源等生产性基础设施和教育、卫生等社会性基础设施发展对库区居民总体可支配收入、城镇居民可支配收入、农村居民纯收入具有空间溢出作用；信息基础设施发展对库区居民总体可支配收入、城镇居民可支配收入和农村居民纯收入增长具有空间竞争影响。三峡库区各区县城乡居民收入差距的空间效应传递取决于信息和教育基础设施的建设情况，其中，信息基础设施发展既扩大了本地与周边区县城乡居民收入绝对差，又扩大了本地与周边区县城乡居民收入相对差；教育基础设施发展扩大了本地与周边区县城乡居民收入绝对差，但缩小了本地与周边区县城乡居民收入的相对差。

7.2 政策启示

三峡库区基础设施发展与居民收入增长存在紧密的理论关联，同时，基于投资效应、长期效应和空间效应的实证研究也为库区基础设施发展策略积累了必要的经验依据。借力于国家和各省市的综合帮扶政策，三峡库区基础设施发展正处于历史的机遇期和变革期。因此，科学合理地制订和落实三峡库区基础设施发展规划，不仅是当前库区脱贫致富的现实需求，也是实现库区居民收入稳定增长的应然之举。综合上述研究结论，本书得到的政策启示主要有以下四个方面：

（1）持续加大生产性基础设施投资力度，次序推进能源、信息、交通、教育、卫生等基础设施建设。加大对生产性基础设施的投资力度，一方面可以为库区充实社会资本，另一方面可带动产业和劳动力集聚，形成库区内生增长的动力源泉。相比于社会性基础设施所提供的公共服务功能，生产性基础设施能够直接参与生产活动而无须企业负担对等的使用成本。

（2）加强产业综合帮扶，提高基础设施与生产资本匹配度。长期以来，三峡库区基础设施水平都处于薄弱状态，人均资本累积呈纵向停滞、横向落后状态，居民收入难以持续稳定提高。进入21世纪以来，国家对三峡库区基础设施的投资政策不断加持，库区基础设施条件大幅改善，但是，库区居民收入增速并未远高于重庆市和全国平均水平，基础设施发展对居民收入增长也未起到长效作用。探其究竟，快速改善的基础设施和缓慢增长的人均资本可能导致库区基础设施闲置，劳动力人口外流进一步导致居民收入增长缺乏强劲的内生动力，形成了库区"只见马路，不见车流""只见园区，不见企业"的投入与产出矛盾现象。因此，要想形成三峡库区基础设施增收的长效机制，相关政策在大力扶持三峡库区基础设施建设的同时，应当重点关注库区产业去空心化和引导人口回流，实施以建兴城、以产聚人"两手抓"的策略。

（3）推进交通、能源、教育、卫生等基础设施互联互通建设，发挥基础设施增收的空间溢出效应。交通基础设施作为库区各区县互联互通的要素通道，承担着促进资本流、人才流、知识流在区域间充分流动的任务。能源基础设施的空间线状特征将库区各区县居民收入串联起来，形成同升同降的发展趋势。在推进库区基础设施建设过程中，加强交通、能源基础设施建设有利于发挥各区县居民收入的相互带动作用，这对于库区协同共享发展有重要作用。教育、卫生基础设施能够对地理相近和经济总量相仿的区县起到改善居民教育水平和居民健康状况的作用，此外，教育与卫生基础设施较好的区县也会向周边区县输出技术水平较高的劳动力，从而提高周边地区居民的整体收入水平。因此，库区基础设施发展要避免"一条路、一座桥、一所学校"式的点上规划，在上级部门协调下制定共同行动蓝图，加强库区基础设施互联互通，遵循由小到大、由易到难、务实推进的原则。

（4）优化信息基础设施布局，建立有效的区域竞争激励机制。与交通、能源等基础设施的空间溢出效应相反，信息基础设施增收的空间效应表现为竞争态势。信息基础设施可及性具有一定的技术门槛，并且信息基础设施的空间点状形态要强于线状形态。技术门槛对信息基础设施使用者进行甄别，跨入门槛则可以获得更高生产率，而未跨过门槛则被拉开差距，这可能是信息基础设施对库区居民收入具有空间竞争影响的主要原因。此外，信息基础设施发展有利于人才的集聚，这导致信息基础设施发展较好的区县对周边区县形成"虹吸"效应，率先取得区域竞争优势。可以预见的是，库区信息基础设施建设的优劣是未来各区县能否率先取得竞争优势的关键。

7.3 研究展望

本书较为全面地构建了三峡库区基础设施增收效应理论框架，力图解释三峡库区基础设施发展对居民收入的影响机理，并根据所得结论为库区基础设施发展提供有益的参考借鉴。三峡库区基础设施与居民收入关系是在自然环境、历史条件以及其他诸多因素长期综合影响下的作用表现,具有复杂性和特殊性。拙文虽已成稿,但囿于笔者有限的水平和精力,对于三峡库区基础设施增收效应的研究仍有许多未尽之处,当下可以预见的不足之处至少有三点:

第一,在开放环境中,三峡库区基础设施与居民收入的空间影响不仅是库区内部互联互通,也与库区与非库区的基础设施互联互通相关。本书重点分析了封闭经济环境下库区基础设施内部互联互通对居民收入增长的影响,而较少着墨于开放经济下的库区基础设施向外联通对库区居民收入增长的影响分析。这是笔者后续开展研究工作的重点方向。

第二,相比于已有研究,本书虽然以三峡库区这一独特地理单元作为分析对象,但在实证数据搜集上仍旧以宏观统计数据为主,侧重于各区县的基础设施可及性,而较少追问居民对于基础设施的获得感。这涉及一个新的分析视角,即基础设施有效供给问题。对于居民增收因素的分析,微观上的基础设施获得感往往要比宏观上的基础设施可及性更具有解释力。

第三,根据理论框架,基础设施指标体系应尽可能地贴近对基础设施存量水平的反映,现有研究关于基础设施存量水平的测度手段多采用永续盘存法,但三峡库区当前的统计数据质量不能满足永续盘存法的使用条件。为持续推进三峡库区基础设施的增收效应这项研究工作,本书参照了已有文献资料对于基础设施的衡量方法并据之建立基础设施指标体系,但始终有所缺憾。因此,对于三峡库区基础设施的后续研究,笔者一方面期望各个区县的统计年鉴资料尽量与重庆统计年鉴的统计范围和口径保持一致,另一方面建议库区基础设施增收研究从以宏观统计数据为主转入以微观调查数据为主。

参考文献

阿斯乔,赵渚敏,陈新年,1991. 基础设施:美国的第三种赤字 [J]. 国际经济评论 (10):16-22.

阿特金森,斯蒂格利茨,1992. 公共经济学 [M]. 蔡江南,许斌,邹华明,译. 上海:上海三联书店.

埃尔霍斯特,2015. 空间计量经济学:从横截面数据到空间面板 [M]. 肖光恩,译. 北京:中国人民大学出版社.

鲍莫尔,1982. 福利经济及国家理论 [M]. 郭家麟,郑孝齐,译. 北京:商务印书馆.

庇古,2013. 福利经济学 [M]. 金镝,译. 北京:华夏出版社.

布朗,杰克逊,2000. 公共部门经济学(第四版) [M]. 张馨主,译. 北京:中国人民大学出版社.

曹存根,2001. 国家知识基础设施的意义 [J]. 中国科学院院刊 (4):255-259.

钞小静,沈坤荣,2014. 城乡收入差距、劳动力质量与中国经济增长 [J]. 经济研究,6:30-43.

陈国阶,2003. 三峡库区发展态势与问题 [J]. 长江流域资源与环境 (2):107-112.

陈雯,2003. "城乡一体化"内涵的讨论 [J]. 现代经济探讨 (5):16-18.

陈银娥,刑乃千,师文明,2012. 农村基础设施投资对农民收入的影响:基于动态面板数据模型的经验研究 [J]. 中南财经政法大学学报 (1):97-103,144.

程名望,JIN Y H,盖庆恩,等,2014. 农村减贫:应该更关注教育还是健康?:基于收入增长和差距缩小双重视角的实证 [J]. 经济研究 (11):130-144.

崔利，苏维词，赵卫权，2009. 三峡重庆库区产业空心化的成因及对策初探：以重庆万州区为例 [J]. 农业现代化研究，30（2）：171-174.

丁黄艳，2016a. 长江经济带基础设施发展与经济增长的空间特征：基于空间计量与面板门槛模型的实证研究 [J]. 统计与信息论坛，31（1）：24-32.

丁黄艳，廖元和，2016b. 贫困地区基础设施效率及其时空溢出特征：基于三峡库区面板数据的例证 [J]. 贵州财经大学学报，185（6）：99-108.

董良，2016. 教育、工作经验与家庭背景对居民收入的影响：对明瑟方程和"布劳-邓肯"模型的综合 [J]. 中国社会科学院研究生院学报（4）：103-109.

范九利，白暴利，潘泉，2004. 基础设施资本与经济增长关系的研究文献综述 [J]. 上海经济研究（1）：36-43.

方晓婳，2007. 基础设施建设是农民增收的基础 [N]. 人民日报，08-27（9）.

高连水，2011. 什么因素在多大程度上影响了居民地区收入差距水平？：基于 1987—2005 年省际面板数据的分析 [J]. 数量经济技术经济研究，28（1）：130-139.

格雷戈里，英格拉姆，克里斯廷，等，1996. 有利于发展的基础设施 [J]. 经济资料译丛（1）：16-19.

郭劲光，高静美，2009. 我国基础设施建设投资的减贫效果研究：1987—2006 [J]. 农业经济问题，30（9）：63-71.

郭庆旺，贾俊雪，2006. 基础设施投资的经济增长效应 [J]. 经济理论与经济管理（3）：36-41.

何家军，2014. 水利工程移民生计能力再造研究 [D]. 武汉：武汉大学.

胡家勇，2003. 论基础设施领域改革 [J]. 管理世界（4）：59-67.

胡江霞，文传浩，2015. 西部连片贫困山区经济发展空间分布特征研究：基于三峡库区的地统计分析 [J]. 吉首大学学报（社会科学版），36（1）：109-117.

胡李鹏，樊纲，徐建国，2016. 中国基础设施存量的再测算 [J]. 经济研究（8）：172-186.

华林甫，1999. 清代以来三峡地区水旱灾害的初步研究 [J]. 中国社会科学（1）：168-179.

黄恒学，2002. 公共经济学 [M]. 北京：北京大学出版社.

蒋冠宏，蒋殿春，2012. 基础设施、基础设施依赖与产业增长：基于中国省区

行业数据检验 [J]. 南方经济, 278 (11)：116-129.

蒋建东, 宋红波, 2015. 三峡库区城镇化发展状况及应对策略 [J]. 人民长江, 46 (19)：67-89.

金凤君, 2001. 基础设施与人类生存环境之关系研究 [J]. 地理科学进展 (3)：275-284.

金戈, 2012. 中国基础设施资本存量估算 [J]. 经济研究 (4)：4-14.

凯恩斯, 1999. 就业、利息和货币通论 [M]. 高鸿业, 译. 北京：商务印书馆.

康继军, 郭蒙, 傅蕴英, 2014. 要想富, 先修路?：交通基础设施建设、交通运输业发展与贫困减少的实证研究 [J]. 经济问题探索 (9)：41-46.

李泊溪, 刘德顺, 1995. 中国基础设施水平与经济增长的区域比较分析 [J]. 管理世界 (2)：106-111.

李婵娟, 2012. 公共基础设施投资区域效应与省际分布：基于我国 28 个省区数据的实证分析 [J]. 山西财经大学学报, 34 (6)：70-77.

李纯英, 2001. 国家投资进行农业基础设施建设是增加农民收入的新途径 [J]. 经济问题 (12)：41-43.

李稻葵, 刘淳, 庞家任, 2016. 金融基础设施对经济发展的推动作用研究：以我国征信系统为例 [J]. 金融研究 (2)：180-188.

李锋, 王如松, 赵丹, 2014. 基于生态系统服务的城市生态基础设施：现状、问题与展望 [J]. 生态学报 (1)：190-200.

李慧玲, 徐妍, 2016. 交通基础设施、产业结构与减贫效应研究：基于面板 VAR 模型 [J]. 技术经济与管理研究, 241 (8)：25-30.

李炳光, 2005. 三峡库区区域经济发展状况的实证研究 [J]. 中国人口·资源与环境 (4)：63-68.

李坤望, 邵文波, 王永进, 2015. 信息化密度、信息基础设施与企业出口绩效：基于企业异质性的理论与实证分析 [J]. 管理世界 (4)：52-65.

李平, 王春晖, 于国才, 2011. 基础设施与经济发展的文献综述 [J]. 世界经济, 5：93-116.

李强, 郑江淮, 2012. 基础设施投资真的能促进经济增长吗?：基于基础设施投资"挤出效应"的实证分析 [J]. 产业经济研究 (3)：50-58.

李妍, 赵蕾, 薛俭, 2015. 城市基础设施与区域经济增长的关系研究：基于 1997—2013 年我国 31 个省份面板数据的实证分析 [J]. 经济问题探索 (2)：109-114.

李媛，畅红琴，2017. 人力资本门槛、基础设施与技术创新 [J]. 管理现代化
　　（5）：40-43.

李忠富，李玉龙，2009. 基于 DEA 方法的我国基础设施投资绩效评价：2003—
　　2007 年实证分析 [J]. 系统管理学报（3）：309-315.

梁云，刘蓉，2005. 三峡生态经济区功能区划与产业空间布局 [J]. 开发研究
　　（5）：115-118.

廖元和，2006. 加快三峡库区经济社会发展的关键是理论创新和制度创新
　　[J]. 探索（4）：147-151.

林毅夫，2000a. 加强农村基础设施建设 启动农村市场 [J]. 农业经济问题
　　（7）：2-3.

林毅夫，刘志强，2000b. 中国的财政分权与经济增长 [J]. 北京大学学报
　　（哲学社会科学版）（4）：5-17.

林毅夫，2001. 增加农民收入需要农村基础设施的牢固 [J]. 调研世界（7）：
　　3-4.

刘生龙，2008. 教育和经验对中国居民收入的影响：基于分位数回归和审查分
　　位数回归的实证研究 [J]. 数量经济技术经济研究（4）：75-85.

刘生龙，胡鞍钢，2010a. 基础设施的外部性在中国的检验：1988—2007 [J].
　　经济研究，45（3）：4-15.

刘生龙，胡鞍钢，2010b. 交通基础设施与经济增长：中国区域差距的视角
　　[J]. 中国工业经济（4）：14-23.

刘生龙，胡鞍钢，2011a. 交通基础设施与中国区域经济一体化 [J]. 经济研
　　究，46（3）：72-82.

刘生龙，周绍杰，2011b. 基础设施的可获得性与中国农村居民收入增长：基
　　于静态和动态非平衡面板的回归结果 [J]. 中国农村经济（1）：27-36.

刘晓光，张勋，方文全，2015. 基础设施的城乡收入分配效应：基于劳动力转
　　移的视角 [J]. 世界经济，38（3）：145-170.

刘晓昀，辛贤，毛学峰，2003. 贫困地区农村基础设施投资对农户收入和支出
　　的影响 [J]. 中国农村观察（1）：31-36，80.

刘育红，王曦，2014.“新丝绸之路”经济带交通基础设施与区域经济一体化：
　　基于引力模型的实证研究 [J]. 西安交通大学学报（社会科学版），2：43-48.

娄洪，2004. 长期经济增长中的公共投资政策：包含一般拥挤性公共基础设施
　　资本存量的动态经济增长模型 [J]. 经济研究（3）：10-19.

骆永民，2010. 中国城乡基础设施差距的经济效应分析：基于空间面板计量模型［J］. 中国农村经济，303（3）：60-72.
骆永民，樊丽明，2012. 中国农村基础设施增收效应的空间特征：基于空间相关性和空间异质性的实证研究［J］. 管理世界（5）：71-87.
毛圆圆，李白，2010. 农村交通基础设施投资对农民收入影响的区域比较：基于中国30个省区1999—2008年的面板数据分析［J］. 湖南农业大学学报（社会科学版），11（6）：28-33.
穆勒，1991. 政治经济学原理（下）［M］. 胡企林，朱泱，译. 北京：商务印书馆.
钱小安，2003. 金融民营化与金融基础设施建设：兼论发展民营金融的定位与对策［J］. 金融研究（2）：1-11.
冉光和，王定祥，2003. 三峡库区应建成国家级生态经济特区［J］. 改革（5）：108-113.
萨瓦斯，2002. 民营化与公私部门的伙伴关系［M］. 周志忍，译. 北京：中国人民大学出版社.
沈满洪，何灵巧，2002. 外部性的分类及外部性理论的演化［J］. 浙江大学学报（人文社会科学版），32（1）：152-160.
沈越，赫梅里扬斯基，1982. 苏联的基础设施与经济增长［J］. 外国经济参考资料（3）：28-31.
石彤，2002. 性别排挤研究的理论意义［J］. 妇女研究论丛（4）：17-25.
史先虎，1991. 改善贫困山区基础设施的途径和对策：仙居县基础设施建设调查与启示［J］. 浙江经济（10）：46-48.
斯密，2010. 国富论［M］. 文熙，译. 武汉：武汉大学出版社.
宋峻峰，张维明，肖卫东，等，2005. 网络中心战的知识基础设施构建研究［J］. 系统工程理论与实践（8）：103-113.
孙早，杨光，李康，2014. 基础设施投资对经济增长的贡献存在拐点吗：来自中国的经验证据［J］. 财经科学（6）：75-84.
孙早，杨光，李康，2015. 基础设施投资促进了经济增长吗：来自东、中、西部的经验证据［J］. 经济学家（8）：71-79.
唐建新，1998. 基础设施与经济增长：兼论我国基础设施“瓶颈”约束产生的原因与对策［J］. 经济评论（2）：48-51.
汪勰，2012. 我国城市群建设中存在的问题及其解决途径［J］. 城市问题

（9）：50-54.

王春超，叶琴，2014. 中国农民工多维贫困的演进：基于收入与教育维度的考察 [J]. 经济研究，49（12）：159-174.

王俊豪，1997. 中国基础设施产业政府管制体制改革的若干思考：以英国政府管制体制改革为鉴 [J]. 经济研究（10）：36-42.

王一鸣，杨宜勇，史育龙，等，2000. 关于加快城市化进程的若干问题研究 [J]. 宏观经济研究（2）：3-11.

王一鸣，2004. 统筹协调，加快三峡库区产业发展 [J]. 中国发展（4）：9-11.

王自锋，孙浦阳，张伯伟，等，2014. 基础设施规模与利用效率对技术进步的影响：基于中国区域的实证分析 [J]. 南开经济研究（2）：118-135.

魏下海，2010. 基础设施、空间溢出与区域经济增长 [J]. 经济评论（4）：82-89.

吴福象，沈浩平，2013. 新型城镇化、基础设施空间溢出与地区产业结构升级：基于长三角城市群 16 个核心城市的实证分析 [J]. 财经科学，304（7）：89-98.

武力超，孙浦阳，2010. 基础设施发展水平对中国城市化进程的影响 [J]. 中国人口·资源与环境，120（8）：121-125.

夏业良，程磊，2011. 基础设施与经济增长的互动影响：基于 VAR 模型的动态分析 [J]. 经济经纬（4）：14-19.

谢里，李白，张文波，2012. 交通基础设施投资与居民收入：来自中国农村的经验证据 [J]. 湖南大学学报（社会科学版），26（1）：82-86.

熊兴，余兴厚，陈伟，2016. 三峡库区基本公共服务水平的空间差异 [J]. 技术经济，35（8）：99-105.

休谟，1980. 人性论 [M]. 关文运，译. 北京：商务印书馆.

徐建国，2010. 依靠科技进步促进三峡库区可持续发展 [J]. 中国科技论坛（10）：72-74.

徐曙娜，2000. 政府与基础设施、基础产业 [J]. 财经研究（3）：54-59.

徐旭川，杨丽琳，2006. 公共投资就业效应的一个解释：基于 CES 生产函数的分析及其检验 [J]. 数量经济技术经济研究（11）：94-103.

杨国涛，段君，刘子誃. 明瑟收入方程的若干改进和思考 [J]. 统计研究，2014（7）：81-84.

杨宏儒，1991. 内生经济增长理论模型的比较 [J]. 数量经济技术经济研究（9）：75-81.

杨建芳,龚六堂,张庆华,2006.人力资本形成及其对经济增长的影响:一个包含教育和健康投入的内生增长模型及其检验 [J]. 管理世界(5):10-18.

杨孟禹,张可云,2015.城市基础设施建设与产业结构升级的外部效应 [J]. 现代财经,35(3):3-13.

殷洁,张京祥,2008.贫困循环理论与三峡库区经济发展态势 [J]. 经济地理(4):631-635.

于慧,邓伟,刘邵权,2013.地势起伏度对三峡库区人口及经济发展水平的影响 [J]. 长江流域资源与环境,22(6):686-690.

俞孔坚,李迪华,潮洛蒙,2001.城市生态基础设施建设的十大景观战略 [J]. 规划师(6):9-13,17.

曾广录,颜建晔,李三希,2014.城乡基础设施财政投入不均的收入差距效应 [J]. 浙江社会科学(1):41-45.

张光南,李小瑛,陈广汉,2010.中国基础设施的就业、产出和投资效应:基于1998—2006年省际工业企业面板数据研究 [J]. 管理世界(4):5-13.

张光南,洪国志,陈广汉,2014.基础设施、空间溢出与制造业成本效应 [J]. 经济学(季刊),13(1):285-304.

张晋武,齐守印,2016.公共物品概念定义的缺陷及其重新建构 [J]. 财政研究(8):2-13.

张军,高远,傅勇,等,2007.中国为什么拥有了良好的基础设施? [J]. 经济研究(3):4-19.

张茜,2007.农村人力资本与农民收入的动态关系 [J]. 山西财经大学学报(3):27-31.

张馨,袁星侯,2000.公益性·垄断性·收费性·竞争性:论公共基础设施投资多元化 [J]. 厦门大学学报(哲学社会科学版)(1):57-63.

张学良,2007.中国交通基础设施与经济增长的区域比较分析 [J]. 财经研究(8):51-63.

张学良,2012.中国交通基础设施促进了区域经济增长吗:兼论交通基础设施的空间溢出效应 [J]. 中国社会科学(3):60-77,206.

张勋,万广华,2016.中国的农村基础设施促进了包容性增长吗? [J]. 经济研究,51(10):82-96.

张志勇,2015.重庆"三峡库区"农村后续发展的动力机制研究 [J]. 中国农业资源与区划,36(1):86-91.

张宗益，李森圣，周靖祥，2013. 公共交通基础设施投资挤占效应：居民收入增长脆弱性视角 [J]. 中国软科学 (10)：68-82.

郑丹，KURODA T，2017. 城市基础设施水平如何影响居民工资收入：溢价还是折价 [J]. 南方经济，328 (1)：66-85.

周超，黄志亮，2017. 三峡库区小城镇基本公共服务设施分布特征研究：以三峡库区重庆段 385 个小城镇为样本 [J]. 西部论坛，27 (3)：96-105.

周海波，胡汉辉，谢呈阳，2017. 交通基础设施、产业布局与地区收入：基于中国省级面板数据的空间计量分析 [J]. 经济问题探索，415 (2)：1-11.

周科，王钊，2011. 三峡库区就业结构偏差的成因与加速城镇化进程的路径 [J]. 农业现代化研究，32 (4)：418-422.

朱勇，吴易风，1999. 技术进步与经济的内生增长：新增长理论发展述评 [J]. 中国社会科学 (1)：21-39.

OECD，1996. 环境管理中的经济手段 [M]. 张世秋，李彬，译. 北京：中国环境科学出版社.

AANESTAD M，MONTEIRO E，NIELSEN P，2007. Information infrastructures and public goods：analytical and practical implications for SDI [J]. Information Technology for Development，13 (1)：7-25.

ACEMOGLU D，ANGRIST J，2000. How large are human-capital externalities? evidence from compulsory schooling laws [J]. NBER Macroeconomics Annual，15：9-59.

ACEMOGLU D，GARCÍA - JIMENO C，ROBINSON J，2015. State capacity and economic development：a network approach [J]. American Economic Review，105 (8)：2364-2409.

AHLFELDT G M，MOELLER K，WENDLAND N，2014. Chicken or egg? The PVAR econometrics of transportation [J]. Journal of Economic Geography，15 (6)：1169-1193.

ALIZADEH T，SIPE N，2016. Telecommunications and transportation infrastructure：inter-and intra-sectoral borders—perspectives from Australia and the US [J]. International Planning Studies，21 (1)：50-63.

ARROW K J，1962. The economic implications of learning by doing [J]. Review of Economic Studies，29 (1)：155-173.

ARROW K J，KRUZ M，1970. Public investment, the rate of return, and optimal fiscal policy [M]. Baltimore: The Johns Hopkins University Press.

ASCHAUER D A, 1989. Is public expenditure productive? [J]. Journal of Monetary Economics, 23 (2): 177-200.

BANKOLE F O, OSEI-BRYSON K M, BROWN I, 2015. The impacts of telecommunications infrastructure and institutional quality on trade efficiency in Africa [J]. Information Technology for Development, 21 (1): 29-43.

BARRO R J, 1990. Government spending in a simple model of endogenous growth [J]. Journal of political economy, 98 (5): 103-125.

BARRO R J, 1991. Economic growth in a cross section of countries [J]. The Quarterly Journal of Economics, 106 (2): 407-443.

BARRO R J, SALA-I-MARTIN X, 1992. Public finance in models of economic growth [J]. The Review of Economic Studies, 59 (4): 645-661.

BERG S V, HORRALL J, 2008. Networks of regulatory agencies as regional public goods: improving infrastructure performance [J]. The Review of International Organizations, 3 (2): 179-200.

BINDER M, HSIAO C, PESARAN H, 2005. Estimation and inference in short panel vector autoregressions with unit roots and cointegration [J]. Econometric Theory, 21 (4): 795-837.

BO D C, FLORIO M, MANZI G, 2010. Regional infrastructure and convergence: growth implications in a spatial framework [J]. Transition Studies Review, 17 (3): 475-493.

BOARNET M G, 1998. Spillovers and the locational effects of public infrastructure [J]. Journal of Regional Science, 38 (3): 381-400.

BOWLES S, GINTIS H, 2000. Does schooling raise earnings by making people smarter [J]. Meritocracy and Economic Inequality: 18-36.

BUCHANAN J M, 1968. The demand and supply of public goods [M]. Chicago: Rand McNally & Company.

BURCAR DUNOVIC I, RADUJKOVIC M, VUKOMANOVIC M, 2016. Internal and external risk based assessment and evaluation for the large infrastructure projects [J]. Journal of Civil Engineering and Management, 22 (5): 673-682.

CHARLERY L C, QAIM M, SMITH-HALL C, 2016. Impact of infrastructure on rural household income and inequality in Nepal [J]. Journal of Development Effectiveness, 8 (2): 266-286.

CHISWICK B R, JACOB MINCER, 2003. Experience and the distribution of earn-
ings [J]. Reviews of Economics of the Household (1): 343-361.

CLAPHAM J H, 1922. On empty economic boxes [J]. Economic Journal (32):
305.

COASE R H, 1960. The problem of social cost [J]. Journal of Law and Economics,
3 (1): 1-44.

CONDEÇO-MELHORADO A, TILLEMA T, DE JONG T, et al., 2014. Distribu-
tive effects of new highway infrastructure in the Netherlands: the role of network
effects and spatial spillovers [J]. Journal of Transport Geography, 34: 96-105.

CONRAD K, 1997. Traffic, transportation, infrastructure and externalities a theore-
tical framework for a CGE analysis [J]. The Annals of Regional Science, 31 (4):
369-389.

CUESTA A, GLEWWE P, KRAUSE B, 2016. School infrastructure and educational
outcomes: a literature review, with special reference to Latin America [J].
Economía, 17 (1): 95-130.

DATTA S, 2012. The impact of improved highways on Indian firms [J]. Journal of
Development Economics, 99 (1): 46-57.

DOMAR E D, 1946. Capital expansion, rate of growth, and employment [J]. Econ-
ometrica, Journal of the Econometric Society, 14 (2): 137-147.

EASTON S T, WALKER M A, 1997. Income, growth, and economic freedom [J].
The American Economic Review, 87 (2): 328-332.

FAY M, LEIPZIGER D, WODON Q, et al., 2005. Achieving child-health-related
millennium development goals: the role of infrastructure [J]. World Development,
33 (8): 1267-1284.

FLETCHER J M, RICHARDS M R, 2012. Diabetes's "health shock" to schooling
and earnings: Increased dropout rates and lower wages and employment in young
adults [J]. Health Affairs, 31 (1): 27-34.

FOSTER V, BRICEÑO-GARMENDIA C, 2010. Africa's infrastructure: a time for
transformation [M]. Washington D. C.: World Bank.

FRIEDMAN M, KUZNETS S, 1941. Income from independent professional practice
[J]. American Journal of Sociology, 46 (4): 636-637.

GHOSH N, 2002. Infrastructure, cost and labour income in agriculture [J]. Indian Journal of Agricultural Economics, 57 (2): 153.

GIACCARIA S, FRONTUTO V, DALMAZZONE S, 2016. Valuing externalities from energy infrastructures through stated preferences: a geographically stratified sampling approach [J]. Applied Economics, 48 (56): 5497-5512.

GLOMM G, RAVIKUMAR B, 1994. Public investment in infrastructure in a simple growth model [J]. Journal of Economic Dynamics and Control, 18 (6): 1173-1187.

GREENWALD D, 1982. Encyclopedia of economics [M]. New York: McGraw-Hill Companies.

HALLER H, 2016. Networks as public infrastructure: externalities, efficiency, and implementation [J]. Journal of Public Economic Theory, 18 (2): 193-211.

HARROD R F, 1939. An essay in dynamic theory [J]. The Economic Journal, 49 (193): 14-33.

HASAN S A, MOZUMDER P, 2017. Income and energy use in Bangladesh: a household level analysis [J]. Energy Economics, 65: 115-126.

HENDERSON V, 2002. Urbanization in developing countries [J]. World Bank Research Observer, 17 (1): 89-112.

HIRSCHMAN A O, 1958. The strategy of economic development [M]. New Haven, Conn.: Yale University Press.

HOLTZ-EAKIN D, NEWEY W, ROSEN H, 1988. Estimating vector autoregressions with panel data [J]. Econometrica, 56 (6): 1371-1395.

HOLTZ-EAKIN D, SCHWARTZ E, 1995. Spatial productivity spillovers from public infrastructure: evidence from state highways [J]. International Tax and Public Finance, 2 (3): 459-468.

HULTEN C, BENNATHAN E, SRINIVASAN S, 2006. Infrastructure, externalities, and economic development: a study of the Indian manufacturing industry [J]. World Bank Economic Review, 20 (2): 291-308.

JAMES W L, COSSMAN J S, 2006. Does regional variation affect ecological mortality research? An examination of mortality, income inequality and health infrastructure in the Mississippi Delta [J]. Population Research and Policy Review, 25 (2): 175-195.

KARA M A, TAŞ S, ADA S, 2016. The impact of infrastructure expenditure types on regional income in Turkey [J]. Regional Studies, 50 (9): 1509-1519.

KRUGMAN P R, 1991. Geography and trade [M]. Cambridge: MIT Press.

LALL S V, 2007. Infrastructure and regional growth, growth dynamics and policy relevance for India [J]. The Annals of Regional Science, 41 (3): 581-599.

LATIF M A, 2002. Income, consumption and poverty impact of infrastructure development [J]. The Bangladesh Development Studies, 28 (3): 1-35.

LEMIEUX T, 2006. The "Mincer equation" thirty years after schooling, experience, and earnings [J]. Jacob Mincer: A Pioneer of Modern Labor Economics (5): 127-145.

LENZ L, MUNYEHIRWE A, PETERS J, et al., 2017. Does large-scale infrastructure investment alleviate poverty? Impacts of Rwanda's electricity access roll-out program [J]. World Development, 89: 88-110.

LEWIS W A, 1954. Economic development with unlimited supplies of labor [J]. Manchester School of Economics and Social Studies, 22 (2): 139-191.

LOVE I, ZICCHINO L, 2006. Financial development and dynamic investment behavior: evidence from panel VAR [J]. The Quarterly Review of Economics and Finance, 46 (2): 190-210.

LUCAS R E, 1988. On the mechanics of economic development [J]. Journal of Monetary Economics, 22 (1): 3-42.

MARMOLO E, 1999. A constitutional theory of public goods [J]. Journal of Economic Behavior & Organization, 38 (1): 27-42.

MARSHALL A, 1890. Principles of economics: an introductory volume [M]. London: Macmillan.

MIGUEL E, 2004. Tribe or nation? Nation building and public goods in Kenya versus Tanzania [J]. World Politics, 56 (3): 328-362.

MINCER J A, 1974. Schooling, experience, and earnings [M]. New York: NBER.

MINCER J A, 1996. Economic development, growth of human capital, and the dynamics of the wage structure [J]. Journal of Economic Growth, 1 (1): 29-48.

MISRA B S, 2015. Which infrastructure matters more for growth: economic or social? Evidence from Indian states during 2001-2010 [J]. Review of Urban & Regional Development Studies, 27 (3): 177-196.

MOHMAND Y T, WANG A, SAEED A, 2017. The impact of transportation infrastructure on economic growth: empirical evidence from Pakistan [J]. Transportation Letters, 9 (2): 63-69.

MORRISON J, SCHWARTZ E, 1994. Distinguishing external from internal scale effects: the case of public infrastructure [J]. Journal of Productivity analysis, 5 (3): 249-270.

MUNNELL A, 1992. Infrastructure Investment and Economic Growth [J]. Journal of Economic Perspectives, 6 (4): 189-198.

MURPHY K M, WELCH F, 1990. Empirical age-earnings profiles [J]. Journal of Labor economics, 8 (2): 202-229.

MUSGRAVE R A, 1959. The theory of public finance [M]. New York: McGraw-Hill Book Company, Inc.

MYRDAL G, 1957. Rich lands and poor: the road to world prosperity [M]. New York: Harper.

NELSON R, 1956. A theory of the low-level equilibrium trap in underdeveloped economies [J]. The American Economic Review, 46 (5): 894-908.

NEUMARK D, POSTLEWAITE A, 1998. Relative income concerns and the rise in married women's employment [J]. Journal of Public Economics, 70 (1): 157-183.

NG Y K, NG S, 2007. Why do governments encourage improvements in infrastructure? Indirect network externality of transaction efficiency [J]. Public Finance and Management, 7 (4): 340-362.

NURKSE R, 1952. Some international aspects of the problem of economic development [J]. The American Economic Review, 42 (2): 571-583.

NURKSE R, 1953. Problems of capital formation in developing countries [M]. Oxford: Basil Blackwell.

OGUN T P, 2010. Infrastructure and poverty reduction: implications for urban development in Nigeria [J]. Urban Forum, 21 (3): 249-266.

OSENI M O, 2012. Households' access to electricity and energy consumption pattern in Nigeria [J]. Renewable and Sustainable Energy Reviews, 16 (1): 990-995.

PARKER D, KIRKPATRICK C, FIGUEIRA-THEODORAKOPOULOU C, 2008. Infrastructure regulation and poverty reduction in developing countries: a review of the evidence and a research agenda [J]. The Quarterly Review of Economics and Finance, 48 (2): 177-188.

PESARAN H, SMITH R, 1995. Estimating long-run relationships from dynamic heterogeneous panels [J]. Journal of Econometrics, 68 (1): 79-113.

PRUD'HOMME R, 2005. Infrastructure and development [C]. Washington: The World Bank and Oxford University Press: 153-181.

RAMSEY F P, 1928. A mathematical theory of saving [J]. The Economic Journal, 38 (152): 543-559.

RAY S, GHOSH B, BARDHAN S, et al., 2016. Studies on the impact of energy quality on human development index [J]. Renewable Energy, 92: 117-126.

RIETVELD P, 1995. Infrastructure and spatial economic development [J]. The Annals of Regional Science, 29 (2): 117-119.

ROMER P M, 1986. Increasing returns and long-run growth [J]. Journal of Political Economy, 94 (5): 1002-1037.

ROMER P M, 1990. Endogenous technological change [J]. Journal of Political Economy, 98 (5, Part 2): S71-S102.

ROMER P M, 1994. The origins of endogenous growth [J]. The Journal of Economic Perspectives, 8 (1): 3-22.

ROSENSTEIN-RODAN P N, 1943. Problems of industrialization of eastern and southeastern Europe [J]. Economic Journal, 53: 202-211.

ROSTOW W W, 1959. The stage of economic growth [J]. The Economic History Review, 12 (1): 1-16.

RUKUMNUAYKIT P, 2015. Urbanization, poverty and subjective well-being: empirical evidence from Thailand [J]. Urban Policy and Research, 33 (1): 98-118.

SAHOO P, DASH R K, 2009. Infrastructure development and economic growth in India [J]. Journal of The Asia Pacific Economy, 14 (4): 351-365.

SAMUELSON P A, 1954. The pure theory of public expenditure [J]. The Review of Economics and Statistics: 387-389.

SAWADA Y, SHOJI M, SUGAWARA S, et al., 2014. The role of infrastructure in mitigating poverty dynamics: the case of an irrigation project in Sri Lanka [J]. The BE Journal of Economic Analysis & Policy, 14 (3): 1117-1144.

SCHOENI R F, BLANK R M, 2000. What has welfare reform accomplished? Impacts on welfare participation, employment, income, poverty, and family structure [R]. National Bureau of Economic Research.

SEN A, 2001. Development as freedom [M]. Oxford: Oxford Paperbacks.

SHAH A, 1992. Dynamics of public infrastructure, industrial productivity and profitability [J]. The Review of Economics and Statistics, 74 (1): 28-36.

SHARMA S, 2011. Nexus between growth, infrastructure and poverty in India [J]. Journal of Income & Wealth, 33 (1): 94-101.

ŠKARE M, DRUŽETA R P, 2016. Poverty and economic growth: a review [J]. Technological and Economic Development of Economy, 22 (1): 156-175.

SOLOW R M, 1956. A contribution to the theory of economic growth [J]. The Quarterly Journal of Economics, 70 (1): 65-94.

SRITHONGRUNG A, 2013. The dynamic impacts of state revenue capacity on highway investment [J]. Public Works Management & Policy, 18 (2): 108-126.

SWAN T W, 1956. Economic growth and capital accumulation [J]. Economic Record, 32 (2): 334-361.

TAMAI T, 2008. optimal fiscal policy in an endogenous growth model with public capital: a note [J]. Journal of Economics, 93 (1): 81-93.

TAMAI T, 2016. Public investment, the rate of return, and optimal fiscal policy in a stochastically growing economy [J]. Journal of Macroeconomics, 49: 1-17.

TIFFEN M, 2003. Transition in sub-Saharan Africa: agriculture, urbanization and income growth [J]. World Development, 31 (8): 1343-1366.

TOWNSEND P, 1979. Poverty in the United Kingdom: a survey of household resources and standards of living [M]. Berkeley: University of California Press.

TRAVIS P, BENNETT S, HAINES A, et al., 2004. Overcoming health-systems constraints to achieve the millennium development goals [J]. The Lancet, 364 (9437): 900-906.

TROUNSTINE J, 2016. Segregation and inequality in public goods [J]. American Journal of Political Science, 60 (3): 709-725.

WANG Y, LIU Q, WU Y, et al., 2017. Can relationship bring more provision in rural public goods? Empirical evidence from rural China [J]. China Agricultural Economic Review, 9 (1): 48-61.

WATANABE M, MIYAKE Y, YASUOKA M, 2016. Public investment, health infrastructure and income growth [J]. Applied Economics and Finance, 3 (3): 93–102.

WORLD BANK, 1994. World development report 1994: infrastructure for development [M]. Oxford: Oxford University Press.

YOSHINO N, ABIDHADJAEV U, 2017. An impact evaluation of investment in infrastructure: the case of a railway connection in Uzbekistan [J]. Journal of Asian Economics, 49: 1–11.

附录 A 三峡库区空间权重矩阵赋值

附表 1 基于地理相邻法则的三峡库区空间权重矩阵赋值（W_1）

地区	渝北	巴南	江津	长寿	武隆	巫溪	石柱	万州	涪陵	丰都	忠县	开州	云阳	奉节	巫山
渝北	0	1	0	1	0	0	0	0	0	0	0	0	0	0	0
巴南	1	0	1	1	0	0	0	0	1	0	0	0	0	0	0
江津	0	1	0	0	0	0	0	0	0	0	0	0	0	0	0
长寿	1	1	0	0	0	0	0	0	1	1	0	0	0	0	0
武隆	0	0	0	0	0	0	0	0	1	1	0	0	0	0	0
巫溪	0	0	0	0	0	0	0	0	0	0	0	1	1	1	1
石柱	0	0	0	0	0	0	0	1	0	1	1	0	0	0	0
万州	0	0	0	0	0	0	1	0	0	0	1	1	1	0	0
涪陵	0	1	0	1	1	0	0	0	0	1	0	0	0	0	0
丰都	0	0	0	1	1	0	1	0	1	0	1	0	0	0	0
忠县	0	0	0	0	0	0	1	1	0	1	0	0	0	0	0
开州	0	0	0	0	0	1	0	1	0	0	0	0	1	0	0
云阳	0	0	0	0	0	1	0	1	0	0	0	0	0	1	0
奉节	0	0	0	0	0	1	0	0	0	0	0	0	1	0	1
巫山	0	0	0	0	0	1	0	0	0	0	0	0	0	1	0

数据来源：根据库区地图计算。

附表 2 基于地理距离法则的三峡库区空间权重矩阵赋值（W_2）

地区	渝北	巴南	江津	长寿	武隆	巫溪	石柱	万州	涪陵	丰都	忠县	开州	云阳	奉节	巫山
渝北	0	0.024	0.012	0.014	0.005	0.002	0.005	0.004	0.009	0.006	0.005	0.003	0.003	0.003	0.002
巴南	0.024	0	0.017	0.010	0.007	0.002	0.005	0.003	0.008	0.006	0.004	0.003	0.003	0.002	0.002
江津	0.012	0.017	0	0.008	0.005	0.002	0.004	0.003	0.006	0.005	0.004	0.003	0.003	0.002	0.002
长寿	0.014	0.010	0.008	0	0.008	0.003	0.007	0.005	0.024	0.010	0.007	0.004	0.004	0.003	0.003
武隆	0.005	0.007	0.005	0.008	0	0.002	0.005	0.003	0.014	0.006	0.004	0.003	0.003	0.002	0.002
巫溪	0.002	0.002	0.002	0.003	0.002	0	0.003	0.005	0.002	0.002	0.003	0.005	0.007	0.016	0.010
石柱	0.005	0.005	0.004	0.007	0.005	0.003	0	0.006	0.011	0.018	0.018	0.005	0.005	0.004	0.003
万州	0.004	0.003	0.003	0.005	0.003	0.005	0.006	0	0.004	0.003	0.009	0.018	0.017	0.008	0.006
涪陵	0.009	0.008	0.006	0.024	0.014	0.002	0.011	0.004	0	0.018	0.007	0.004	0.003	0.003	0.002
丰都	0.006	0.006	0.005	0.010	0.006	0.002	0.018	0.003	0.018	0	0.010	0.003	0.003	0.002	0.002
忠县	0.005	0.004	0.004	0.007	0.004	0.003	0.018	0.009	0.007	0.010	0	0.006	0.006	0.004	0.003
开州	0.003	0.003	0.003	0.004	0.003	0.005	0.005	0.018	0.004	0.003	0.006	0	0.015	0.007	0.005
云阳	0.003	0.003	0.003	0.004	0.003	0.007	0.005	0.017	0.003	0.003	0.006	0.015	0	0.012	0.007
奉节	0.003	0.002	0.002	0.003	0.002	0.016	0.004	0.008	0.003	0.002	0.004	0.007	0.012	0	0.018
巫山	0.002	0.002	0.002	0.003	0.002	0.010	0.003	0.006	0.002	0.002	0.003	0.005	0.007	0.018	0

数据来源：库区各区县府际距离来自高德地图（http://ditu.amap.com）。

附表3 基于经济距离法则的三峡库区空间权重矩阵赋值（W_3）

地区	渝北	巴南	江津	长寿	武隆	巫溪	石柱	万州	涪陵	丰都	忠县	开州	云阳	奉节	巫山
渝北	0	0.53	0.56	0.41	0.13	0.07	0.12	0.78	0.76	0.14	0.20	0.29	0.17	0.19	0.09
巴南	1.88	0	1.05	0.78	0.24	0.13	0.22	1.47	1.42	0.27	0.38	0.55	0.32	0.35	0.17
江津	1.79	0.95	0	0.74	0.23	0.12	0.21	1.40	1.35	0.26	0.36	0.52	0.31	0.34	0.16
长寿	2.41	1.28	1.35	0	0.30	0.16	0.28	1.89	1.82	0.35	0.49	0.70	0.41	0.45	0.22
武隆	7.93	4.23	4.43	3.29	0	0.54	0.93	6.21	6.00	1.15	1.60	2.31	1.35	1.50	0.71
巫溪	14.80	7.88	8.27	6.14	1.87	0	1.74	11.58	11.19	2.14	2.98	4.32	2.52	2.79	1.32
石柱	8.49	4.52	4.74	3.52	1.07	0.57	0	6.64	6.42	1.23	1.71	2.48	1.45	1.60	0.76
万州	1.28	0.68	0.71	0.53	0.16	0.09	0.15	0	0.97	0.19	0.26	0.37	0.22	0.24	0.11
涪陵	1.32	0.70	0.74	0.55	0.17	0.09	0.16	1.03	0	0.19	0.27	0.39	0.23	0.25	0.12
丰都	6.91	3.68	3.86	2.87	0.87	0.47	0.81	5.40	5.23	0	1.39	2.01	1.18	1.30	0.62
忠县	4.97	2.65	2.77	2.06	0.63	0.34	0.59	3.89	3.76	0.72	0	1.45	0.85	0.94	0.44
开州	3.43	1.83	1.92	1.42	0.43	0.23	0.40	2.68	2.59	0.50	0.69	0	0.58	0.65	0.31
云阳	5.87	3.13	3.28	2.44	0.74	0.40	0.69	4.59	4.44	0.85	1.18	1.71	0	1.11	0.52
奉节	5.30	2.82	2.96	2.20	0.67	0.36	0.62	4.15	4.01	0.77	1.07	1.55	0.90	0	0.47
巫山	11.18	5.96	6.25	4.64	1.41	0.76	1.32	8.75	8.46	1.62	2.25	3.26	1.91	2.11	0

数据来源：2001—2016年重庆统计年鉴。

附表 4 基于经济地理距离法则的三峡库区空间权重矩阵赋值（W_4）

地区	渝北	巴南	江津	长寿	武隆	巫溪	石柱	万州	涪陵	丰都	忠县	开州	云阳	奉节	巫山
渝北	0	0.013	0.007	0.006	0.001	0.000	0.001	0.003	0.007	0.001	0.001	0.001	0.001	0.000	0.000
巴南	0.045	0	0.018	0.008	0.002	0.000	0.001	0.005	0.011	0.002	0.002	0.002	0.001	0.001	0.000
江津	0.022	0.016	0	0.006	0.001	0.000	0.001	0.004	0.009	0.001	0.001	0.001	0.001	0.001	0.000
长寿	0.033	0.013	0.010	0	0.002	0.000	0.002	0.009	0.043	0.004	0.004	0.003	0.002	0.001	0.001
武隆	0.042	0.028	0.024	0.026	0	0.001	0.005	0.019	0.082	0.007	0.006	0.006	0.004	0.003	0.001
巫溪	0.033	0.017	0.017	0.016	0.004	0	0.005	0.062	0.027	0.005	0.010	0.022	0.018	0.043	0.014
石柱	0.040	0.021	0.019	0.025	0.005	0.002	0	0.041	0.068	0.022	0.031	0.012	0.007	0.006	0.002
万州	0.005	0.002	0.002	0.003	0.000	0.000	0.001	0	0.004	0.001	0.002	0.007	0.004	0.002	0.001
涪陵	0.012	0.005	0.005	0.013	0.002	0.000	0.002	0.004	0	0.004	0.002	0.001	0.001	0.001	0.000
丰都	0.041	0.021	0.019	0.029	0.006	0.001	0.015	0.018	0.096	0	0.013	0.006	0.003	0.003	0.001
忠县	0.024	0.011	0.011	0.015	0.003	0.001	0.010	0.033	0.025	0.007	0	0.009	0.005	0.004	0.002
开州	0.011	0.005	0.005	0.006	0.001	0.000	0.002	0.048	0.009	0.001	0.004	0	0.009	0.005	0.002
云阳	0.019	0.009	0.009	0.010	0.002	0.003	0.003	0.077	0.015	0.002	0.007	0.026	0	0.013	0.004
奉节	0.014	0.007	0.007	0.007	0.002	0.006	0.002	0.032	0.011	0.002	0.004	0.011	0.010	0	0.008
巫山	0.026	0.013	0.013	0.013	0.003	0.008	0.004	0.049	0.021	0.004	0.008	0.018	0.014	0.037	0

数据来源：作者计算。

附录 B 《三峡后续工作规划》 (节选)

1.2 三峡工程及库区的战略地位

三峡工程是迄今唯一经全国人大审议通过的基本建设项目，其规模之大、涉及范围之广、移民之多、影响之深远、公众关注程度之高是国内外其他工程难以比拟的。三峡工程及库区在长江治理开发和我国现代化建设中具有极其重要的战略地位。三峡工程论证中，国家确定了三峡工程防洪、发电、航运等三大功能目标；三峡工程建设中，进一步将三峡库区确定为长江流域的生态屏障、和谐稳定新库区和城乡统筹改革试验区；三峡工程运行后，三峡水库将成为国家最大的战略性淡水资源库，其在长江流域和国家重要资源战略配置中的作用更加突出。三峡后续工作将围绕三峡工程及库区的战略地位，在现有已实现的功能配置基础上，采取一系列措施，保障三峡工程长期安全运行和持续全面发挥综合效益。

1.2.1 三峡库区地理位置及资源、环境条件

（1）地理位置

三峡库区位于东经 105°44′~111°39′，北纬 28°32′~31°44′的长江流域腹心地带，地跨湖北省西部和重庆市中东部，幅员面积约 5.8 万 km²。包括湖北省的夷陵区、秭归县、兴山县、巴东县，重庆市的巫山县、巫溪县、奉节县、云阳县、万州区、开县、忠县、石柱县、丰都县、涪陵区、武隆县、长寿区、渝北区、巴南区、江津区等 19 个区县（以下简称"库区 19 区县"）和重庆主城区（包括渝中区、南岸区、江北区、沙坪坝区、北碚区、大渡口区、九龙坡

区，以下均用此简称）。

（2）自然条件

三峡库区位于长江上游段东端，辖区内江南属武陵山区、江北跨秦巴山区，全区地貌区划为板内隆升蚀余中低山地，地处我国第二阶梯的东缘，总体地势西高东低，地形复杂，大部分地区山高谷深，岭谷相间。主要地貌类型有中山、低山、丘陵、台地、平坝，山地、丘陵分别占库区总面积的 74.0% 和 21.7%，河谷平原占 4.3%。东西部海拔高程一般为 500~900 m，中部海拔高程一般为 1000~2500 m。

三峡库区地处我国中亚热带湿润地区，年平均气温 14.9~18.5℃，无霜期 300~340 天。海拔 500 m 以下的河谷地带大于 10℃ 年积温为 5000~6000℃，气候具有冬暖、夏热、春早、秋凉、多雨、霜少、湿度大、云雾多、风力小等特点，水热条件优越，垂直气候带特征明显。三峡库区雨量充沛，年平均降水量 1000~1300 mm。库区水热条件的垂直差异比水平差异更明显。自中部河谷向两侧外围山地，地面高程每上升 100 m，年降水量增加约 55 mm，气温下降约 0.4~0.6℃。

三峡库区水系发育，江河纵横，三峡工程坝址以上控制流域面积 100 万 km^2，占流域总面积的 56%。库区除长江干流和嘉陵江、乌江外，区域内还有流域面积 100 km^2 以上的支流 152 条，其中重庆 121 条，湖北 31 条。流域面积 1000 km^2 以上的支流有 19 条，其中重庆境内 16 条，湖北境内 3 条，主要有香溪河、大宁河、梅溪河、汤溪河、磨刀溪、小江（又名澎溪河）、龙河、龙溪河、御临河等。

（3）自然和旅游资源

三峡库区植物种类繁多，林果种类齐全，据统计，经济植物超过 2000 种，其中药用植物 1000 余种。库区农、林、土特产资源丰富，其中柑桔、榨菜、桐油、生漆、茶叶、中药材等在国内外享有盛名。

三峡库区已发现矿产 75 种，其中已探明储量的有 39 种，主要矿产有天然气、煤、磷、岩盐、石灰岩等。

三峡库区土壤类型多样，主要类型有黄壤、黄棕壤、紫色土、水稻土、石灰土等。库区农业用地约 2843 万亩，占库区土地总面积的 32.8%；林业用地约 4242 万亩，占 49%；其他用地约 1571 万亩，占 18.2%。在农业用地中约有耕地 2217 万亩，占农业用地面积的 78%，多分布在长江干、支流两岸。

三峡库区历史文化悠久，山川景色秀丽，尤以山、水、峡、洞著名。区内有名闻遐迩的三峡风景、九畹溪、香溪河、神农溪、小三峡、仙女山等自然风光，亦有秭归屈原祠、兴山昭君故里、奉节白帝城、云阳张飞庙、忠县石宝寨、涪陵白鹤梁、丰都鬼城等人文景观，更有体现三峡地区人与自然关系的峡江文化。三峡水库蓄水后，改变了库周风貌和旅游资源的分布格局，为旅游资源的开发利用带来了更广阔的空间。

（4）人口、经济社会资源

2008年，三峡库区19区县及重庆主城区共辖602个乡（镇、街道办事处）、7261个村（居）委会，总人口2067万人（其中农业人口1388万人，占67.15%），其中移民安置涉及库区266个乡镇、1753个村、7894个村民小组。三峡库区移民安置任务重点区县共12个，为湖北省夷陵区、秭归县、兴山县、巴东县、重庆市巫山县、奉节县、云阳县、万州区、开县、忠县、丰都县、涪陵区。

三峡库区有11个区县为国家级扶贫重点县，是我国连片贫困区之一。随着三峡工程建设移民资金和对口支援资金在库区的大量投入，以及库区人民自力更生、艰苦奋斗，近年来库区经济社会得到较快发展，城镇化进程加快，产业结构不断优化，初步形成资源开采及加工、轻工制造、高新技术、农产品深加工等四大主导产业，人民生活水平不断提高，缩小了与全国平均水平的差距。

（5）生态环境

三峡工程蓄水后，库区干流水质总体以Ⅱ、Ⅲ类为主，水质状况良好，但局部存在总磷、总氮、石油类、铅等指标超标现象，部分支流、支流回水区和库湾水质下降，局部水域水华频发，部分干流饮用水水源地面临污染威胁。

三峡库区生物多样性丰富，是流域乃至全国生物多样性保护倍受关注的地区之一。库区维管束植物种类约占全国的20%，列为国家一级保护植物的有9种、国家二级保护植物的有10种；脊椎动物中，哺乳动物139种、鸟类402种、爬行类60种、两栖类50种，列为国家一级保护动物的有8种、二级保护动物的有16种；三峡库区江段分布鱼类约127种，包括47种长江上游特有种，列为国家一级保护野生动物的有中华鲟、白鲟、达氏鲟，国家二级保护野生动物的有胭脂鱼、大鲵、水獭等。

国家在三峡库区实施退耕还林还草工程、天然林保护工程、长江上中游水土流失重点防治工程、长江防护林工程等，促进了库区生态环境建设，逐步恢复了森林植被，且一定程度控制了水土流失。

据多级环境监测网的监测，三峡工程建设以来，工程施工区和移民安置区环境质量总体良好，水土流失逐步得到治理；库区长江干流水质总体稳定，总体以Ⅱ、Ⅲ类为主；水库诱发地震维持在论证预期的低强度水平；库区生物多样性保护取得一定成效。

（6）地质环境

三峡库区处于我国地势第二级阶梯的东缘，全国地貌区划为板内隆升蚀余中低山地。库区地层除缺失志留系上统、泥盆系下统、石炭系上统和第三系以外，自前震旦系至第四系均有出露。第四系堆积物零星分布于河流阶地、剥夷面及斜坡地带。分布比较集中、体积较大的第四系堆积体大都是崩塌、滑坡体。库区地形地貌与岸坡地质结构复杂，雨量丰沛且暴雨集中，历来是地质灾害多发地区。

库区全部位于扬子准地台区，北与秦岭地槽相邻。主要经历了三次较强的构造运动，即震旦纪前的晋宁运动、侏罗纪末的燕山运动和老第三纪末的喜山运动。库区新构造运动属于三峡鄂西南隆升之三峡鄂西南隆升亚区，表现为大面积的间歇性整体隆起和局部地段的差异性断裂活动。隆起中心为奉节—巫山一带，最大上升幅度达 2000 m。其特点是隆起的不均匀性、掀斜性和间歇性，地壳上升速度加剧，河流强烈下切，形成了长江三峡段高陡岸坡和诸多崩滑体。

库区为弱震环境，地震基本烈度属于Ⅵ度区范围。坝址以上 17~30 km 和 50~110 km 处，有秭归—渔洋关和黔江—兴山两个小地震带穿越库区。

1.2.2　战略地位

（1）三峡工程是长江中下游防洪保障体系中的关键性控制工程

三峡工程建成后，以三峡工程为骨干的长江流域防洪工程体系基本形成，长江中下游防洪形势得到了较大改善，荆江河段由仅防御十年一遇洪水提高到可防御百年一遇洪水；遭遇千年一遇（如 1870 年）特大洪水时，通过三峡水库调节，在运用规划设置的蓄滞洪区后，可避免荆江两岸发生毁灭性灾害。

三峡工程防洪效益还具有较大拓展空间。三峡工程正常运行后，通过优化三峡水库调度方式，以及三峡水库与长江上游水库群联合调度，可进一步发挥其在长江中下游防洪体系中的控制性作用。

（2）三峡工程是当今世界最大的可再生清洁能源生产基地

三峡工程已经具备初步设计确定的发电能力，随着地下电站于 2012 年投入运行，其总装机容量达 2250 万 kW·h，年发电量近 1000 亿 kW·h，是当今世界上最大的水力发电站。三峡的电力对于华中和华东、广东等经济发达地区经济社会发展具有重要保障作用。三峡工程投入运行还促进了全国电力联网，有效维护电网安全运行。三峡工程是可再生清洁能源生产基地，对提高可再生能源比重，实现节能减排，兑现我国在国际上的减排承诺有重要意义，对促进我国能源结构战略性调整具有重要作用。

三峡工程的可再生清洁能源生产能力还具有较大拓展空间。通过优化调度、逐步推进洪水资源化，以及加大汛期调峰等措施，将最大限度地拓展三峡工程的发电生产能力，发挥其在我国现代化建设中的重要作用。

（3）三峡工程是促进长江航运发展的关键性工程

三峡水库建成后，使滩险众多的宜昌至重庆段 660 km 航道得到根本改善，航道通过能力由建库前的 1000 万吨提高到 6000 万吨以上，万吨级船队可由上海、武汉直达重庆，单位能耗下降 46%。通过三峡水库调节，还可改善长江中游枯水期部分浅滩河段的航运条件，提升航道通过能力和标准，促进长江航运事业的发展，提高船舶运输的安全性。

三峡工程航运效益还有拓展空间。通过船型标准化、翻坝运输、改善库区干支流河段航运条件、建设物流基地、发展集装箱运输、优化铁水联运、陆水联运等综合运输体系，进一步增强三峡工程在长江黄金水道东西部交通大动脉中的枢纽作用，有力地促进西南地区经济社会快速发展。

（4）三峡库区是长江流域的重要生态屏障

三峡库区位于长江流域腹心地带，是全国重要的生态功能区之一，对保障国家生态安全具有重要意义。三峡水库回水末端紧邻长江上游珍稀特有鱼类国家级自然保护区，下接中下游江湖复合生态系统，是流域生态环境保护和修复的主控节点，对于流域生态环境变化和江湖关系演变具有重要调控作用。三峡工程对下泄流量的调节和控制，大幅度减少洞庭湖泥沙淤积，延长洞庭湖寿命，枯水期一定程度上降低长江口高盐期盐度，冲淡河口咸潮。

建立完善生态环境保护体系，建设三峡库区生态屏障区，对保障长江流域生态安全意义重大。

（5）三峡水库是国家战略性淡水资源库

中国人均水资源拥有量不到世界人均水平的三分之一，水资源短缺且时空分布不均是制约中国可持续发展的重要自然因素，水安全是中国未来重大的国家安全问题之一。三峡水库地处国家腹心地带，水量充沛，水质清洁，高程相对适宜，是国家最大的淡水资源库，具有重大的国家安全战略价值。三峡坝址多年平均径流量约 4500 亿 m^3，三峡水库库容大，可对上游来水进行较好调节，对提高库区和长江中下游群众饮水安全保障能力、优化中国跨流域水资源调配、缓解北方干旱缺水状况具有重要作用。三峡后续工作坚持生态环境保护优先的原则，构建新型生态经济区，以生态可持续性支持三峡工程长期安全运行，提升国家战略淡水资源调控能力。

（6）三峡库区是百万移民安稳致富、和谐发展的重点区

三峡工程建设动迁人口超百万。迁建城镇是当地经济中心，搬迁的工矿企业是当地经济的重要支柱，移民搬迁安置是库区经济战略调整、社会结构重组的重大活动。三峡工程建设的 17 年是库区经济社会发展最快的时期，城乡面貌发生了显著变化。但是，由于三峡库区是国家连片贫困区之一，历史欠账多，人口与资源和环境的矛盾十分突出，移民安稳致富与库区经济发展方式转变、社会转型矛盾相交织，问题十分复杂，解决难度很大；加之库区为三峡工程直接影响区，移民与当地群众对分享三峡工程综合效益有较高期望，移民安稳致富任重道远。

三峡后续工作以移民安稳致富为首要任务，统筹经济发展与环境保护，兼顾解决历史欠账、脱贫致富、城乡统筹改革、移民分享工程效益，加大阶段性扶持力度，建设和谐稳定新库区，从而为三峡工程长期安全运行创造良好的社会环境。